エスペラント

日本語を話すあなたに

Esperanto

Enkonduko por japanlingvanoj

藤巻謙一
Huzimaki Ken'iti

一般財団法人日本エスペラント協会
Tokio 2018

はじめに

　「エスペラント」と聞いて、それが19世紀後半に発表された国際共通語だとわかる人はまだ少ないでしょう。このことばにふれたことのある人は、もっと少ないに違いありません。

　エスペラントはザメンホフ[1]という人が基礎を作った「人工語」です。当時ロシア領だったポーランドで、ユダヤ人としてはげしい民族差別を経験したザメンホフは、民族の和解と共存を目ざし、だれにとっても習得しやすく公平な「橋渡しのことば」として、1887年にエスペラントを発表しました。

　こう聞いて、おおかたの人の頭に次のような疑問が浮かぶのは自然なことです。私自身、このことばを学び始める前には同じ疑問を持ちました。

・ことばを作るなんていうことができるのか。
・話しことばとして使えるのか。
・文化的背景なしに、ことばが成りたつのか。
・普通のことばより表現力が劣るのではないか。

　考え深い読者は、さらに次のような疑問も持つかも知れません。

・世界のことばをエスペラント一つだけにすることを目ざしているのか。

---

[1] Ludoviko Lazaro Zamenhof（ルドビコ・ラザロ・ザメンホフ）1859-1917。

・いま使われているのか。

・将来広く使われる可能性があるのか。

・英語を国際共通語とするのではいけないのか。

・ヨーロッパの人たちにだけ有利なことばではないか。

　エスペラントの概略を紹介しながら、これらの疑問に答えることをこの本は目ざしています。

　使用人口の大小にかかわらず、また、書かれた文献の多少にかかわらず、どのことばも、情報を伝え意見を交換するための道具です。そのことばを話す人にとっては、心の奥深くに刷り込まれた思考のための大切な道具でもあります。人々のあいだで実際に使われている以上、どの言語も一つの体系として調和がとれているはずです。だから、ことばには優劣がありません。

　この本で私は、エスペラントがほかのことばよりも優れたものだと言うつもりはありません。地球上にあることばの総数は３千とも６千とも言われていますが、エスペラントもまた、そのようなことばの一つであることを知っていただければと願っています。日本語を話す私たちにとって日本語が大切なものであるのと同じように、エスペラントを話す人たちも、エスペラントを大切に思っているということがわかっていただければと思います。

　エスペラントが学びやすいものであるかどうか、十分な表現力を備えたものであるかどうか、そして、人々をつなぐ国際共通語として役にたつかどうかを、偏見や先

入観にとらわれず、読者のみなさんに判断していただければ幸いです。

　社会言語学的な視点や、国際語学的な観点から見たエスペラントの紹介は他書に譲り、この本では、私たちの母語*² である日本語との相違点や類似点を示しながら、ことばとしてのエスペラント自体を、少し詳しく紹介します。概略だけが知りたい読者には、例文が多くわずらわしく感じられるかも知れません。そのような場合は、例文の部分を読み飛ばしていただいても差しつかえありません。

　本文中に出てくるエスペラント文には日本語訳を添えましたが、もしも、どの単語がどの訳語にあたるのかわからない場合は、巻末につけた単語リストをごらんください。

2018年9月1日

藤巻謙一

---

² 家庭や地域社会で口づてで身につけ、文法を意識せずに、自信を持って使えることばが母語です。（→8-1-1/p.161）［矢印は参照先の節とページを示します：節番号/ページ］

もくじ

はじめに 3

1. 文字と音、アクセント 9
  1-1　文字 9
  1-2　音と音節 13
    1-2-1　音 (13)　　　　　1-2-2　音節 (14)
  1-3　アクセント 18

2. 単語と品詞 23
  2-1　品詞語尾 24
    2-1-1　名詞 (26)　　　　2-1-2　形容詞 (27)
    2-1-3　複数語尾 (28)　　2-1-4　動詞 (29)
    2-1-5　副詞 (31)
  2-2　自立語根 34
    2-2-1　人称代名詞 (34)　2-2-2　冠詞 (36)
    2-2-3　数詞 (40)　　　　2-2-4　原形副詞 (43)
    2-2-5　前置詞 (46)　　　2-2-6　接続詞 (48)
    2-2-7　相関詞 (50)　　　2-2-8　間投詞 (53)
    2-2-9　固有名詞 (54)

3. 語彙の拡張 57
  3-1　品詞語尾の交換と追加 58
    3-1-1　交換 (58)　　　　3-1-2　追加 (62)
  3-2　動詞と語尾 64
    3-2-1　時制語尾 (64)　　3-2-2　自動詞と他動詞 (67)
    3-2-3　動詞の相 (71)　　3-2-4　分詞接尾辞 (75)
    3-2-5　意志法 (77)　　　3-2-6　仮定法 (78)
  3-3　接尾辞 79
  3-4　接頭辞 85
  3-5　語根の組み合わせ 88
  3-6　借用 95

もくじ

4. 文 101
    4-1 主格と対格 103
    4-2 基本動詞型 105
    4-3 否定文と疑問文 109
        4-3-1 否定文 (109)   4-3-2 疑問文 (110)
        4-3-3 疑問詞疑問文 (112)
    4-4 文要素の配置と省略 116
    4-5 文の構造 119
    4-6 節と句 126
5. 形容詞語群 128
    5-1 形容詞句 129
        5-1-1 前置詞が導く形容詞句 (129)
        5-1-2 分詞が導く形容詞句 (131)
    5-2 形容詞節 136
6. 名詞語群 143
    6-1 名詞句 143
        6-1-1 前置詞が導く名詞句 (143)
        6-1-2 不定詞が導く名詞句 (143)
    6-2 名詞節 145
        6-2-1 ke, ču が導く名詞節 (145)
        6-2-2 疑問詞が導く名詞節 (145)
        6-2-3 同格 (147)
7. 副詞語群 149
    7-1 副詞句 149
        7-1-1 前置詞が導く副詞句 (149)
        7-1-2 分詞が導く副詞句 (152)
    7-2 副詞節 155
    7-3 文の接続 159

7

8. 特徴と展望 161

   8-1 特徴 161

      8-1-1　母語と外語 (161)

      8-1-2　自然言語と人工言語 (162)

      8-1-3　先験的計画言語と経験的計画言語 (164)

      8-1-4　学びやすさ(164)

      8-1-5　公平さ(165)

      8-1-6　文化(167)

      8-1-7　活用の場面(168)

   8-2 展望 169

      8-2-1　地域語への分化 (169)

      8-2-2　変遷 (170)

      8-2-3　ほかの計画言語の台頭 (171)

      8-2-4　機械翻訳と機械通訳 (173)

      8-2-5　展望 (174)

参考図書など 177

おわりに 179

単語リスト 181

さくいん 188

1. 文字と音、アクセント

1-1 文字

エスペラントの文字は次の28個のローマ字（ラテン文字）で、大文字と小文字を使い分けます。

【大文字】A B C Ĉ D E F G Ĝ H Ĥ I J Ĵ K L M N O P
R S Ŝ T U Ŭ V Z

【小文字】a b c ĉ d e f g ĝ h ĥ i j ĵ k l m n o p r s ŝ t
u ŭ v z

地名や人名を書く場合は、英語のアルファベットの中にある "Ww, Xx, Yy, Qq" や、チェコ語やドイツ語などの "č, š, ä, ü" のような符号つき文字を使うこともあります。

エスペラントにも "Ĉĉ, Ĝĝ, Ĥĥ, Ĵĵ, Ŝŝ, Ŭŭ" がありますが、これらは独立した文字です。"Cc, Gg, Hh, Jj, Ss, Uu" の上に記号をつけ加えたものではありません。

ローマ字を使うので「ヨーロッパのことば」という印象を受けるかも知れません。必ずしもローマ字でなくても、表音文字*[1]ならエスペラントの音を文字にすることはできます。少し工夫すれば、カタカナでも書けます。漢字のような表意文字であらわすことだって、不可能だとは言い切れません。

それなのに、アラビア文字、ヘブライ文字、ハングル

---

[1] 「表音文字」は、ローマ字やかな文字のように音をあらわす文字です。それに対して、漢字のように文字自体が意味を持つ文字を「表意文字」と言います。ただし、漢字は意味だけでなく「音」もあらわします。

などではなくローマ字を用いるのは、英語やフランス語、ドイツ語、スペイン語など、ローマ字で書くことばの使用者に有利で、公平ではないという指摘には一理があります。しかし、もしもこの公平性を厳格に求めるとしたら、今まで地球上に存在しなかった新しい文字体系を作るほかありません。

(1) すでにある文字体系で、広く普及しているものを選ぶ
(2) だれにとっても新しい文字体系を作る

　という二つから、エスペラントの創始者ザメンホフは(1) を選びました。

　いま地球上で使われていることばは、それぞれが独自の文字体系を作りだしたわけではありません。たとえば日本語は、まず漢字の音を借用した「万葉仮名」という文字を用い、のちに漢字の字体を崩して「かな文字」を作ったのでした。そして個々の漢字に「訓読み」という日本語訳を結びつけました。現在では、漢字とひらがな、カタカナが使われています。ローマ字を使って日本語を書くこともできます。ローマ字書きにすると、日本語もかなり「ヨーロッパ語」風に見えます。ローマ字書きで、日本語の中に隠された規則性に気づくこともあります。

　ことばはまず「音の規則」として口から口へ伝えられてきました。文字を使ってあらわすことができるようになったのは、ずっとのちのことです。音声としてのことばは、家庭や地域社会の中で意識することなく身につき

1. 文字と音、アクセント

ますが、文字は学習せずには使いこなせるようになりません。文字はことばの大切な要素ではありますが、本質ではありません。ことばというものの核心から少し離れたところにあるのではないでしょうか。なぜなら、文字がなくても、音の体系さえあれば、ことばは成りたつからです。

文字は、1日を24時間に分割する習慣や、時間の60進法、メートル法、太陽暦、アラビア数字のような、地球の一角で発生し世界中に広まった文明技術の一つと言っていいかも知れません。「卯の刻、丑三つ時」「一尺、二尺」のような江戸時代の時間表現や尺貫法など、国や地域の慣習に基礎をおく制度は、まだ役にたつ場面も多いし大切なものです。しかし、メートル法など世界中に広まった計測単位は、いまや必要不可欠なものと言ってよいでしょう。

漢字のような表意文字は、文字で意味がわかる点が便利です。漢字とひらがな、そしてカタカナが混在する日本語の表記方法は、分かち書きの必要もなく、縦書きと横書きのどちらでも用いることができるなど、たいへん便利ではあります。外来語をカタカナで取り込むこともできるし、横書きなら、アルファベットの単語が混ざっていても大きな違和感はありません。

しかし、かな文字だけならその数は限られますが、漢字は文字数が多すぎて、習得までにたいへん時間がかかります。ですから、成人が第二、第三のことばとして学ぶエスペラントの場合、表意文字よりも表音文字、さら

にローマ字を用いるのが妥当ではないでしょうか。

どの文字を使うか、また文字をどのように使うかという問題はよく議論されます。たとえば日本語でも、ローマ字やかな文字を採用しようという「ローマ字運動」や「かな文字運動」があります。また、当用漢字や常用漢字など、漢字の使用を制限しようとする動きもあります。このような文字改革案は、根本的であればあるほど、なかなか採用されないのが現実です。ことばは実用の中で少しずつ変化しますが、そのことばの使用者はどちらかというと保守的で、積極的な変更をあまり好みません。

実はエスペラントにも字上符つき文字 "ĉ, ĝ, ĥ, ĵ, ŝ, ŭ" をめぐって、文字改革の動きがありました。これらの文字を、たとえば "ch, gh, hh, jh, sh, w" などに代えようという提案がおこなわれました。弱視者には読みづらいとか、特に印刷屋さんに字母（活字母型）がなく印刷する際に不便だというのがその主な理由でした。

しかし、次の項に出てくる「一文字一音」の原則を守るために、この改革案は採用されませんでした。

なお、コンピューターの登場で、この字上符つき文字の問題はすでに解決していますが、メールでやりとりするさい、文字化けを防ぐために、"ĉ, ĝ, ĥ, ĵ, ŝ, ŭ" のかわりに "ch, gh, hh, jh, sh, u" や "cx, gx, hx, jx, sx, ux" が使われることがまだあります。これらを「代用表記」といいます。

1. 文字と音、アクセント

1-2　音と音節

1-2-1　音

エスペラントの28文字は、それぞれが一つの音素をあらわしています。音素は、ことばを作る音声の最小単位です。

28個のうちの次の5個が母音です。

【母音】a e i o u

母音は順に「ア, エ, イ, オ, ウ」と読みます。これらが母音の名前でもあります。

残りの文字が子音です。

【子音】b c ĉ d f g ĝ h ĥ j ĵ k l m n p r s ŝ t ŭ v z

エスペラントの子音字の名前は、その文字に母音の"o"を添えたものです。

【子音字の名前】bo, co, ĉo, do, fo, go, ĝo, ho, ĥo, jo, ĵo, ko, lo, mo, no, po, ro, so, ŝo, to, ŭo, vo, zo

順に「ボ, ツォ, チョ, ド, フォ, ゴ, ぢょ, ホ, ほ, ヨ, ジョ, コ, ろ, モ, ノ, ポ, ロ, ソ, ショ, ト, ウォ, ヴォ, ゾ」**²** と読みます。子音も、文字の名前と読み方が一致しています。

一つの文字が一つの音素に対応しているので、書いてある通りに読むことができます。ですから、エスペラントの辞書には発音記号が必要ありません。

---

² ひらがなで示した「ぢょ」「ほ」「ろ」は、日本語では、なじみのない音です。（→p.15 脚注）

13

1-2-2　音節

　子音と母音を組み合わせると音節ができます。先に示した文字の名前 "bo, co, ĉo, do…" も音節です。母音の "a, i, u, e, o" は単独でも音節が作れます。一つの音節の中には必ず母音が一つ含まれます。次に、日本語の「五十音図」をまねて、子音と母音を一つずつ組み合わせた音節を示します。

- ba, bi, bu, be, bo 　　バ、ビ、ブ、ベ、ボ
- da, di, du, de, do 　　ダ、ディ、ドゥ、デ、ド
- fa, fi, fu, fe, fo 　　　ファ、フィ、フ、フェ、フォ
- ga, gi, gu, ge, go 　　ガ、ギ、グ、ゲ、ゴ
- ha, hi, hu, he, ho 　　ハ、ヒ、フ、ヘ、ホ
- ka, ki, ku, ke, ko 　　カ、キ、ク、ケ、コ
- ma, mi, mu, me, mo 　マ、ミ、ム、メ、モ
- na, ni, nu, ne, no 　　ナ、ニ、ヌ、ネ、ノ
- pa, pi, pu, pe, po 　　パ、ピ、プ、ペ、ポ
- ra, ri, ru, re, ro 　　　ラ、リ、ル、レ、ロ
- sa, si, su, se, so 　　　サ、スィ、ス、セ、ソ
- ta, ti, tu, te, to 　　　タ、ティ、トゥ、テ、ト
- va, vi, vu, ve, vo 　　ヴァ、ヴィ、ヴ、ヴェ、ヴォ
- za, zi, zu, ze, zo 　　ザ、ズィ、ズ、ゼ、ゾ

　次のような音節は、読み方をローマ字から類推するのが難しいかも知れません。日本語では使われない音節はひらがなで示しておきます。

- ca, ci, cu, ce, co 　　ツア、ツィ、ツウ、ツェ、ツォ
- ĉa, ĉi, ĉu, ĉe, ĉo 　　チャ、チ、チュ、チェ、チョ

1. 文字と音、アクセント

- ĝa, ĝi, ĝu, ĝe, ĝo　　　ぢゃ、ぢ、ぢゅ、ぢぇ、ぢょ*³
- ĥa, ĥi, ĥu, ĥe, ĥo　　　は、ひ、ふ、へ、ほ*⁴
- ja, ji, ju, je, jo　　　ヤ、イィ、ユ、イェ、ヨ
- ĵa, ĵi, ĵu, ĵe, ĵo　　　ジャ、ジ、ジュ、ジェ、ジョ
- ŝa, ŝi, ŝu, ŝe, ŝo　　　シャ、シ、シュ、シェ、ショ
- la, li, lu, le, lo　　　ら、り、る、れ、ろ*⁵

エスペラントには次にあげるような、子音で終わる音節や、複数の子音を含む音節がたくさんあります。

bal, bor, cen, cer, ĉam, eŭ, fan, for, fin, fra, gran,
ĝen, ĝus, hal, han, ĵaŭ, ĵon, kam, kos, ler, lib, lon,
mag, mak, naj, nas, pre, pla, ren, res, rin, sal, stra,
stro, ŝaj, ŝan, taj, ur, var, vas, zin, …

※　※　※

日本語の音節も音素の組み合わせでできています。たとえば「か」はローマ字で書くとわかるとおり、二つの音素 "k" と "a" でできています。日本語の音素の数は、研究者によって違いがありますが、だいたい25個と言われています。

日本語の「かな」は、一つの文字が一つの音節をあら

---

³ "ĝi"は、かな文字の「ぢ」にあたります。現代の日本語では「じ」「ぢ」の音を区別しませんが「ち」をにごらせると「ぢ」になります。

⁴ ノドの奥から出す音。たとえば「ĥo、ほ」なら、せき払いの「ゴホン」の「ホ」の音です。日本語話者にはなじみのない音を持つ文字ですが、この文字を使う単語はわずかです。また、ĥemio > kemio（化学）ĥaoso > kaoso（混沌）のように、ĥ の代わりに k の文字／音が使われることが多くなっています。

⁵ 舌の先で前歯のつけ根あたりにふれてから出す音です。

15

わすので「音節文字」と言います。ローマ字で書いた五十音図でわかるように、多くの音節が「子音＋母音」でできていますが、次の例のように、二つのかな文字で、三つの音素含んだ音節をあらわすことがあります。

- キャ、キュ、キョ   kja, kju, kjo*6
- シャ、シュ、ショ   ŝja, ŝju, ŝjo
- ニャ、ニュ、ニョ   nja, nju, njo
- ギャ、ギュ、ギョ   gja, gju, gjo
- ビャ、ビュ、ビョ   bja, bju, bjo

　これらに、促音（そくおん：ちいさな「つ」）と撥音（はつおん：「ん」）そして長音（ちょうおん：のばす音）を加えて、日本語の音節は、全部で100個ぐらいだと言われています。次の例では、音節の切れ目をハイフン"-"で示します。

信用	しんよう	ŝi-n-jo-o
切符	きっぷ	ki-p-pu
牛乳	ぎゅうにゅう	gju-u-nju-u

　音節の数が少なく、一つの文字が一つの音節に対応しているので、かな文字だけなら日本語の読み方をおぼえるのは簡単です。ただし、助詞の「は」を「ワ」と読んだり「へ」を「エ」と読むことがある点や、「お」と

---

6 日本語のローマ字表記には、ヘボン式（英語準拠）と訓令式（小学校で教わるローマ字）があります。この本では、日本語のローマ字表記を、エスペラント文字を使ってあらわします。ここにあげた例をヘボン式で書くと "kya, kyu, kyo" "sha, shu, sho" "nya, nyu, nyo" "gya, gyu, gyo" "bya, byu, byo" となります。

16

1. 文字と音、アクセント

「を」は別の文字なのに、両方とも「オ」と読む点は、学習者にとって、少しまぎらわしいでしょう。

　音節数が限られるので、次の例のような同音異義語がたくさんありますが、文脈や、次の項で述べるアクセントで意味を区別することができます。文脈とは、文章の中での文の続きぐあいのことや、文の中での語句の続きぐあいのことです。

・かてい　　　　ka-te-i　　　　過程、仮定、家庭、下底
・しんにゅう　　ŝi-n-nju-u　　　侵入、新入、浸入、進入
・けっとう　　　ke-t-to-o　　　決闘、血統、血糖、結党

　同音異義語の存在が必ずしも欠点だとは言えません。だじゃれや掛詞（かけことば）などのことば遊びを考えれば、むしろ利点でもあります。

　しかし、文字と音の対応という点では、日本語の「漢字かなまじり文」は複雑です。漢字には「音読み」「訓読み」さらに「重箱読み」「湯桶読み」「当て字」などがあるので、文字一つ一つ、熟語一つ一つの読みを覚えるしかありません。日本語が母語である人にとっても、必ずしもやさしくはありません。例をあげます。

・木(き)、木目(もくめ)、木陰(こかげ)
・下手(しもて／へた)、下手人(げしゅにん)
・修行(しゅぎょう)、行楽(こうらく)、行灯(あんどん)
・五月雨(さみだれ)、時雨(しぐれ)、土産(みやげ)
・出鱈目(でたらめ)、珈琲(コーヒー)、型録(カタログ)

　　　　　　　　※　　※　　※

音節は日本語よりもたくさんありますが、エスペラントでは、文字と音素が一対一で対応しているので、読み方をおぼえるのにあまり負担がかかりません。また、音を正確に示すことはできないとしても、エスペラント文字を簡単な発音記号として用いることもできます。

字上符つきの文字 "ĉ, ĝ, ĥ, ĵ, ŝ, ŭ" は、この「一字一音」「一音一字」の原則を実現するために採用されたのです。*7

1-3 アクセント

音節が組み合わさって単語ができます。エスペラントには次のような一音節の単語もあります。

・mi　私　　　　・vi　　あなた　　・al　　〜へ
・en　〜の中　　・ke　〜(だ)と　　・ĉu　〜か？

日本語にも、次のような一音節の単語があります

・ち　血　　　　・お　尾　　　　・や　　矢
・も　藻　　　　・に　荷　　　　・か　　蚊

エスペラントでは、二つ以上の音節でできている単語は、うしろから2番目の音節を強く、少し長く読みます。これをアクセントといいます。次の単語の例では、音節の区切りをハイフンで示し、アクセントのある音節を太字で示しておきます。

・lernejo　　　**ler-ne-jo**　　　レル**ネ**ーヨ　　　　　学校

7　例えば「ち」や「し」をヘボン式ローマ字であらわすと "chi"、"shi" となります。音素が二つなのに文字は三つです。エスペラントなら、"ĉi"と"ŝi"のように、音素を表す二文字で書くことができます。

1. 文字と音、アクセント

- ekonomio　　e-ko-no-**mi**-o　　エコノミーオ　　　経済
- atmosfero　　at-mos-**fe**-ro　　アトモスフェーロ　大気

　子音で終わる音節にアクセントが来る場合、強く短く
発音するのが普通です。

- studento　　stu-**den**-to　　ストゥデント　　　学生
- kontrakto　　kon-**trak**-to　　コントラクト　　　契約

　アクセントがあることで、強弱がついてリズミカルに
なります。また、必ずうしろから2番目の位置にあるの
で、会話の中でも単語の切れ目がわかりやすいです。

　エスペラントでは、文字と音が一致するだけでなく、
アクセントの位置にも例外がありません。単語一つ一つ
について覚える必要もなく、迷うこともありません。発
音記号だけでなく、アクセントも辞書に示す必要があり
ません。28の文字が対応する音素を覚えれば、意味はわ
からなくとも、すらすら読めるようになります。

※　※　※

　日本語にも高低アクセントがあり、アクセントの位置
によって同音異義語が区別できます。例をあげます。[8]

- はし　　　　　橋 (ha-ŝi)　　　　箸 (ha-ŝi)
- あめ　　　　　雨 (a-me)　　　　飴 (a-me)
- あし　　　　　足 (a-ŝi)　　　　芦 (a-ŝi)

　実際の会話の中では、話に「すじみち」があるので、
アクセントを間違えても誤解されることは少ないと思い
ます。しかし、位置によって単語の意味が変わるのは、

---

[8] ここにあげる例は、関東で話されている日本語にもとづきます。

日本語をこれから習得しようとする人にとって負担となるでしょう。

※　※　※

ことばは「規則性のある音」として生まれ、文字が発明され広まるまでの長いあいだ、コミュニケーションの道具としての「音の体系」でした。文字がない時代もずっと、人々は物語や歌を世代から世代へと口づてで伝えてきました。だからどのことばにも、実用の中で磨かれた美しい響きがあります。

文字と同時に生まれ、一文字一音の原則に基づくものですが、エスペラントの発音も、決して機械的で味気ないものではありません。美しい響きがあるかどうかを知るには、インターネットや教材付属のCDなどで実際に聞いていただくのが早道と思います。

エスペラントを学びはじめて間もない人の発音には母語の影響が残ることがあります。フランス語なまり、アメリカ英語なまり、中国語なまり、日本語なまりのエスペラントというのもあり得ます。しかし、練習を積めば母語の影響は小さくなります。五つの母音の示す音素が、多くの言語に共通するものだからかも知れません。

成人後に学習した言語を母語レベルに発音するのは、決して簡単なことではありません。日本語を話す外国人の発音を聞けば、完璧に身につけるのがなかなか難しいことがわかります。その人が文法や語彙から見て正確な日本語を話す場合でも、ほとんどの場合、かすかな母語

1. 文字と音、アクセント

なまりが残っています。母語の音の体系は、私たちが幼児のときに、無意識のうちに体に染みこみます。卵からかえるとき、最初に見た動くものを自分の母親と認識するという、鳥類の「刷り込み」にたとえてもよいでしょう。

成人後に学びはじめて、そのことばの「音の体系」を完璧に身につけるのはとても難しいことですが、多少の違いがあっても、たいがいの場合は話が通じます。

日本語を母語として話す私たちの発音にも、人によって、また出身地によって違いがあります。違いがあっても、それが許容範囲内にあれば意味が通じなくて困るということはありません。この範囲は意外に広いのではないでしょうか。

エスペラントを通じて国際結婚した夫婦の子どもの中には、エスペラントを家庭内での母語として話す人たちもいます。しかし、母語話者の大きな集団があるわけではありません。お手本とすべき上手な発音をする話し手は、日本語が母語である人にも、英語が母語である人にも、フランス語が母語である人にもいます。だから、特定のことばを母語として話す人をネイティブスピーカーとして崇拝する必要はありません。エスペラントの発音のお手本となる人は、その人の出身民族や母語とは関係がないからです。母語話者の話し方に近づけようとするのではなく、聞きとりやすくわかりやすい発音を目ざすというのが、エスペラントを話す人たちの立場です。

また、日本人によるエスペラントの発音は、決してへ

たではありません。単語の語尾が、母音や、母音の音に近い "j"「ィ」や "n"「ン」で終わることが多いためと思います。ただし、エスペラントの場合に限りませんが、"r" と "l" の区別は日本人の不得意とするところです。でも、しっかり区別して発音できる人はたくさんいます。

2. 単語と品詞

　文法上の性質によって、単語は「品詞」に分けられます。「名詞、形容詞、副詞、動詞」という区別はよく知られています。日本語とエスペラントで共通のものをあげます。

・名詞　　　ものやことがらの名前を示す単語

　　　　　　　　本、家、山、川、塩、希望、愛…

・形容詞　　ものや事柄の性質や状態、様子、人の感情
　　　　　　などを示す単語

　　　　　　　　美しい、高い、明るい、鋭い、うれしい…
　　　　　　　　きれいな、高価な、明朗な、鋭利な…

・動詞　　　動作や変化、状態をあらわす単語

　　　　　　　　開く、開ける、作る、壊す、ある、いる…

・副詞　　　動作や状態の様子をあらわす単語

　　　　　　　　とても、ゆっくり、たくさん、すこし…

・人称代名詞　人やものの名前の代わりに用いる単語

　　　　　　　　私、あなた、彼、彼女、彼ら…

・数詞　　　数や個数をあらわす単語

　　　　　　　　いち、に、さん、し…
　　　　　　　　ひとつ、ふたつ、みっつ、よっつ…

・接続詞　　単語や文をつなぐ単語

　　　　　　　　と、が、または、そして、だから、ので…

・間投詞　　驚きや感動、呼びかけをあらわす単語

　　　　　　　　あら、おや、まあ、えっ…

　次の品詞は日本語の文法には出てこないので、なじみ

23

が薄いかも知れません。

- ・冠詞　　　話題となっているのが、すでに相手が知っ
　　　　　　ているものであることを知らせる単語
- ・前置詞　　形容詞や副詞の働きをする単語群をつくる
　　　　　　単語

　エスペラント独特の、次のような品詞があります。

- ・原形副詞　いろいろな働きをする単語
- ・相関詞　　日本語の「こそあどことば」に似ている単
　　　　　　語

　エスペラントの品詞分類は日本語のもの[*1]とは違いますが、日本語がことばとして過不足なく完結しているように、エスペラントも過不足なく完結しています。分類は違っても、たがいに相当する単語や表現があります。

2-1　品詞語尾

　エスペラントの名詞と形容詞、動詞、副詞は語尾が決まっています。

名詞	形容詞	動詞	副詞
o	a	i	e

　これらの "o, a, i, e" を「品詞語尾」と言います。単語から品詞語尾を取り除いたものを「語根」と言います。これらの単語は語尾によって品詞が判別できるので、意

---

[1] 中学校で習う口語日本語文法（学校文法）では、次のような品詞が出てきます。名詞、動詞、形容詞、形容動詞（→ p.25 脚注)、副詞、連体詞、接続詞、感動詞、助詞、助動詞。

2. 単語と品詞

味はわからなくとも、その単語が文中で果たしている役割がわかります。たとえば "homo, prudento, afero" が名詞であることや "granda, longa, akra" が形容詞であることが、語尾を見るだけでわかります。このことは、文の意味を理解する上で大きな手がかりとなります。

※　※　※

日本語の形容詞や動詞にも、ローマ字で書くと語尾に規則性があることに気がつきます。形容詞には、連体形が "i" のものと "na" のものがあります[2]。また、やまとことばに由来する形容詞は、語尾が "ŝii" です。

-i	ookii 大きい〜	nagai 長い〜	miĵikai 短い〜	surudoi 鋭い〜

-na	kjodaina 巨大な〜	jukaina 愉快な〜	eirina 鋭利な〜	taidana 怠惰な〜

-ŝii	jakamaŝii やかましい	muzukaŝii むずかしい	namamekaŝii なまめかしい
	itoŝii いとしい	osoroŝii 恐ろしい	takedakeŝii 猛々しい

---

[2] 学校文法では、連体形の語尾が「い」の単語を「形容詞」、「な」の単語を「形容動詞」と区別します。外国人に日本語を教えるための文法（教授用日本語文法）では、両方とも形容詞とし、語尾に注目して、それぞれ「イ形容詞」「ナ形容詞」と呼びます。形容詞の連体形とは、次のように名詞を修飾する形です。「<u>美しい</u>姿」「<u>高い</u>塔」「<u>きれいな</u>声」「<u>高価な</u>品物」。連体形は、辞書に載っている形なので、教授用日本語文法では「辞書形」といいます。

25

動詞の連体形と終止形は "u" で終わります。 [3]

-u	asobu 遊ぶ	taberu 食べる	okuru 送る	naku 泣く

2-1-1　名詞

エスペラントの名詞の例をあげます。

arbo 木	besto 動物	domo 家	monto 山	infano 子ども

これらは、それぞれ "arb, best, dom, mont, infan" という語根に名詞語尾 "o" がついた単語です。

具体的な物品だけでなく、物質や、抽象的な概念をあらわす次のような名詞もあります。

aero 空気	akvo 水	oleo 油	sukero 砂糖	fero 鉄

amo 愛	kuraĝo 勇気	mateno 朝	ekonomio 経済

エスペラントの名詞には、ドイツ語やフランス語などにある「男性名詞、女性名詞」のような文法的性別はありません。文法的性別のある言語では「父」「母」のような自然の性別がある名詞だけでなく、「机」「家」

---

[3] 動詞の連体形とは、次のように名詞を修飾する形です：「遊ぶとき」「食べるもの」。終止形とは、次のような言い切りの形です：「遊ぶ。」「食べる。」これらは辞書に載っている形と同じなので、教授用日本語文法では「辞書形」といいます。

2. 単語と品詞

「本」などの名詞にも男性と女性の区別があり、その名詞とともに用いる冠詞や形容詞の形も変化します。個々の名詞について覚えなければならないので、成人してから学習を始める人にとっては、かなりの負担になるでしょう。

※　※　※

日本語では「とき、もの、こと、の、ところ」や「おり、あいだ、うち、あと、まえ、さい、ばあい、たび、ため」など意味よりも働きに重点のある名詞が、文の中で重要な働きをします。これらは「形式名詞」または「汎用基本名詞」などとよばれています。

2-1-2　形容詞

形容詞の例をあげます。

longa 長い	alta 高い	trista さびしい	ĝoja うれしい

pura 純粋な	kvieta 静かな	kontenta 満足な	talenta 有能な

これらは "long, alt, trist…" などの語根に形容詞語尾 "a" がついた単語です。

形容詞は名詞を修飾します。例をあげます。
- *alta* monto　　　　　　高い山
- *kvieta* mateno　　　　静かな朝

形容詞は修飾される名詞の左におくのが普通ですが、

27

右におくこともできます。ちょっと気どった表現です。

- monto *alta*　　　　高き山
- mateno *kvieta*　　静寂なる朝

　日本語でも、次の例のような表現があります。

- コーヒーの熱いの　　・ベーコンの厚いの
- 男の腐ったやつ　　　・野菜のしなびたの

　日本語の形容詞は、文の述語になることもできます。述語とは「AはB(だ)」という文の「B(だ)」の部分です。

- この物語は<u>長い</u>。
- あの人は<u>有能だ</u>。

　エスペラントの形容詞も、文を構成する要素になれます。4-2 (p.107)で説明します。

2-1-3　複数語尾

　エスペラントでは、名詞があらわすものが複数個あることを、複数語尾 "j" を語尾に添えて示します。

- arboj　　木々　　　　・montoj　　山々
- bestoj　　動物たち　　・infanoj　　子どもたち

　「空気、水、油」などのような切れ目のない物質や、「愛、勇気」などのような抽象概念をあらわす名詞には、複数語尾はなじみません。[4]

---

[4] たとえば "akvo"(水)は切れ目がないので、ほんの一滴でも、バケツ一杯でも、湖一つ分であっても "akvo" です。同様に "papero"(紙)も、1㎠であろうと新聞紙大であろうと紙なので複数語尾になじみませんが「書類」と言う意味で用いられる場合は "paperoj" となります。複数語尾をつけるかどうかは単語ごとに決まっているのではなく、その単語

28

2. 単語と品詞

　日本語の場合、名詞自体に単数複数の区別は明示され
ませんが、必要があれば、次のように「たち」「ども」
「ら」を名詞に添えたり、同じ名詞を繰り返すことで、
複数であることをあらわすことができます。

・教師たち　　　・ものども　　　・子どもら
・人々　　　　　・家々　　　　　・あれこれ

　エスペラントの場合は、名詞だけでなく、その名詞を
修飾する形容詞にも複数語尾をつけて、語尾を一致させ
ます。

・alta*j* monto*j*　　　　　高い山々
・sovaĝa*j* besto*j*　　　　野生の動物たち
・infano*j* petolema*j*　　いたずら小僧ども

　これらの例だけでは、この規則が不要なものに感じら
れるかも知れません。しかし、複数語尾が一致すること
で、分詞形容詞（→5-1-2/p.131）などを用いた複雑な文の
中での修飾、被修飾の関係がとてもわかりやすくなりま
す。

2-1-4　動詞

　動詞は、状態や動作、働きかけ、変化などをあらわす
単語です。例を挙げます。

状態	loĝi 住む	havi 持つ	ekzisti 存在する	dormi 眠る

をどのような意味で用いるかによります。

29

動作	kuri 走る	naĝi 泳ぐ	grimpi 登る	spiri 呼吸する

働き かけ	meti 置く	ŝanĝi 変える	doni 与える	ornami 飾る

変化	eksplodi 爆発する	fali 落ちる	kreski 育つ	gliti 滑る

　動詞語尾 "i" がついたこの形を「不定詞」[5]といいます。辞書にはこの形で載っていますが、実際の文の中では、必ずしもこの形のままで用いられるわけではありません。（→3-2/p.64）

※　※　※

　日本語の動詞には「いる、ある、おく、みる、だす、なる、しまう、あげる、くれる、もらう」など、ほかの動詞と組み合わせて用いることが多い動詞があります。これらを「補助動詞」といいます。

　動詞があらわす概念は、名詞や形容詞の場合よりも複雑です。日本語の動詞は次のようにも分類できます。

【状態と動き】

・状態動詞　　　　ある、いる、できる、異なる…

・動態動詞　　　　歩く、倒れる、壊す、話す…

---

[5] 不定詞は「～すること」という表現に相当します。たとえば "loĝi" なら「住むこと」、"ekzisti" なら「存在すること」という意味になります。6-1-2 (p.143) 参照。

2. 単語と品詞

【話し手の意志による分類】
・意志動詞　　　　食べる、飲む、歌う、読む、使う…
・無意志動詞　　　落ちる、割れる、崩れる、折れる…

【自発とほかのものへの働きかけ】
・自動詞（自発）　　　止まる、落ちる、崩れる、折れる…
・他動詞（働きかけ）止める、落とす、崩す、折る…

2-1-5　副詞

　副詞は、動作や状態の様子を示す単語で、語尾が "e" です。例を挙げます。

rapide	alte	bele	intense
速く	高く	美しく	激しく

pure	kviete	kontente	talente
純粋に	静かに	満足に	有能に

　日本語の訳語が、形容詞の連用形（動詞を修飾する形）になっている点に注意してください。

・速く走る　　　・高く昇る　　　・美しく咲く
・純粋に考える　・静かに過ごす　・満足に暮らす

　次の例のように、場所や時、手段をあらわす副詞もあります。

hejme	matene	trajne	mane
家で	朝に	列車で	手で

これらの副詞の訳語は日本語の「名詞＋助詞(で/に)」

31

となっています。

　副詞は動詞を修飾します。

- *intense* eksplodi 　　　　激しく爆発する
- *bele* ornami 　　　　　　美しく飾る
- *hejme* ripozi 　　　　　　家で休む

　副詞を動詞の右におくこともできます。

- taksi *alte* 　　　　　　　高く評価する
- iri *trajne* 　　　　　　　列車で行く

　副詞は形容詞も修飾します。

- *mirinde* alta 　　　　　　驚くほど高い〜
- *blindige* brila 　　　　　目がくらむほど輝く〜

　副詞には複数語尾をつけません。

- *mirinde* altaj montoj 　　驚くほど高い山々
- *blindige* brilaj lampoj 　目がくらむほど輝くランプ

※　※　※

　日本語の副詞は、状態や程度、量、時などをあらわす次のような単語です。

【状態・程度・量】すこし、ずいぶん、たいへん、はなはだ、とても、ひどく、あまり、さほど、ほとんど、きわめて、だいたい、およそ、ほぼ…

【時・相*6】かつて、いずれ、いまに、もうすぐ、さきほど、のちほど、さっそく、たちまち、すでに、ま

---

6 動作や変化が、始まろうとしているのか、継続中か、終わったのかということにかかわる副詞です。

2. 単語と品詞

だ、しばらく、もう、とっくに、やがて、まもなく、いつも、よく、しばしば…

【推量・推測】たぶん、まるで、きっと、おそらく、どうやら、はたして、あたかも…

【そのほか】あいにく、さいわい、もちろん、いわば、たとえば、やはり、せっかく、せめて、さすが…

　エスペラントの場合、これらの副詞の多くは、次の節で説明する原形副詞や相関詞に含まれています。

※　※　※

　日本語では、次のような擬音語や擬態語も副詞として使われます。擬音語は動物の鳴き声や物音をあらわす単語で、擬態語はものごとの状態や身振りをあらわす単語です。この二つをまとめてオノマトペともいいます。例をあげます。

・わんわん（ほえる）　　・ざあざあ（降る）
・ぴかぴか（光る）　　　・にょきにょき（伸びる）
・ぐんぐん（昇る）　　　・ぱくぱく（食べる）

　擬音語や擬態語は、同音の二音節を繰り返すものが多いです。慣用されているものを使うだけでなく、話し手が自分の感覚に合わせて自由に作ることができます。

　エスペラントにも次のようなオノマトペがあります。例をあげます。

・boj boj（イヌの声）　　・miaŭ miaŭ（ネコの声）
・kva kva（カエルの声）　・tik tak（時計の音）

33

2-2 自立語根

名詞や形容詞、動詞、副詞以外のエスペラントの単語は、語根だけで用います。品詞語尾なしで用いることができるので「自立語根」といいます。

自立語根は、意味よりも「働き」に重点のある単語で「機能語」とも言います。約160個あり、エスペラントの「核」にあたる部分をしめています。[7]

2-2-1 人称代名詞

人称代名詞は、人やものの名前などの代わりに用いる単語です。エスペラントの人称代名詞は次の通りです。

	一人称	二人称	三人称
単数	mi 私	vi あなた	li, ŝi, ĝi 彼、彼女、それ
複数	ni 私たち	vi あなたがた	ili 彼ら、それら

人称代名詞を立場や状況によって使い分けることはありません。会社で社長と社員が話をする場合も、お店で店員とお客が会話する場合も "mi", "vi" を用います。また三人称単数 "li", "ŝi" を除いて、性別に関わらず同じ形を用います。

※　※　※

日本語でも「私、あなた、彼、彼女」などの代名詞が

---

[7] 名詞、形容詞、動詞、副詞など、意味に重点のある単語を「意味語」と言います。

2. 単語と品詞

用いられますが、立場や、状況、性別などに応じて、このほかにもいろいろな名詞が人称代名詞のように使われます。特に二人称や三人称では、「(この)人、(あの)男、お母さん、お父さん、おばあさん…」などの名詞や、「鈴木(さん)、佐藤(さん)、太郎(くん)…」などの人名を繰り返し用いることが多いです。

「お母さん」や「社長」などの名詞が人称代名詞のように使われる場合、その名詞がどの人称にあたるのかは、次の例のように、文脈や状況を考えないと判断できません。

・<u>お母さん</u>が（＝私が）やってあげるわ。
・参観日に（あなたの）<u>お母さん</u>は来ますか。
・ちょっとそこの<u>お母さん</u>。（＝あなた）
・（御社の）<u>社長</u>はお酒を飲まれますか。
・<u>社長</u>（＝あなた）はお酒を飲まれますか。

「ぼく」や「彼女」などの人称代名詞にも、次のような意表をつく用法があります。

・［子どもに対して］<u>ぼく</u>（＝きみ）はどこの子？
・ねえ、そこの<u>彼女</u>。（＝女性であるあなた）

※　※　※

2-2-1（p.34）の表で示したもののほかに、エスペラントの人称代名詞には "si", "oni" があります。

"si" は「再帰代名詞」といって、日本語の「おのれ、自分」などに相当する単語です。

"oni" は「不定代名詞」といって、特定する必要のな

い人や、世間の人を示す単語です。

2-2-2　冠詞

　エスペラントには英語の "the" に相当する冠詞 "la" があります。"a, an" のような不定冠詞はありません。

　冠詞は、名詞の左に添えて、相手がすでに知っているものであることを知らせるための単語です。

・monto　　　　　山　　　　*la* monto　　　　　あの山
・dokumento　書類　　　　*la* dokumento　　例の書類

　エスペラントの冠詞は、フランス語やドイツ語の場合のような名詞の文法的性別に応じた使い分けや格変化をしません。常に "la" の形で用います。

※　※　※

　冠詞は日本語にはない単語ですが、相当する表現は日本語にもあります。「その〜、あの〜、この〜」などの単語（連体詞）のほかに「例の〜、そこに見えている〜、前に行ったことのある〜、あなたも知っているはずの〜、前に述べた〜」などの表現が、冠詞に比べて重苦しいですが、同様の働きをします。

　また、それだけでなく、格助詞の「は」と「が」の使い分けの中にも、エスペラントの冠詞と同じような働きが隠れています。たとえば次の例文では「は」と「が」を使い分けて、(2)の文では、このおじいさんとおばあさんが、聞き手がすでに知っている人物であることを示しています。

2. 単語と品詞

(1) むかしある所に、おじいさんとおばあさんがいました。(2) おじいさんは山に柴刈りに、おばあさんは川に洗濯に行きました。

次のように言い換えても、違和感がありません。

(1') むかしある所に、あるおじいさんとあるおばあさんがいました。(2') そのおじいさんは山に柴刈りに、そのおばあさんは川に洗濯に行きました。

この文をエスペラントに訳すと次のようになります。

(1) Antaŭ longa tempo ie vivis maljunulo kaj maljunulino. (2) *La* maljunulo iris al arbaro por haki kaj kolekti brullignojn; *la* maljunulino iris al rivero por lavi tolaĵojn.

「が」を用いた次の例では、カネと爆発が、はじめて話題になっています。

・ここにカネがある。   Troviĝas *mono.*
・そのとき爆発がおこった。   *Eksplodo* okazis tiam.

「は」を用いた次の例では、すでに話題になった（または相手がすでに認識しているはずの）カネと爆発がテーマになっています。

・カネはここにある。   Troviĝas *la mono.*
・爆発はそのときおこった。   *La eksplodo* okazis tiam.

※ ※ ※

エスペラントの冠詞には、総称「〜とは、〜(というもの)は(すべて)」をあらわす働きもあります。

37

・*La homo* estas kruela vivaĵo.

人間は（みんな）残酷な生きものだ。

・*La homo* ne povas eviti morton.

人間は（だれでも）死を避けることができない。

訳例でもわかるように、日本語の助詞「は」にも、総称用法があります。

・愛は永遠だ。　　　　　　　　　　（=愛というものは…）
・自由はなにものにも代えがたい。（=自由というものは…）
・人は死ぬ。　　　　　　　　　　　（=人はみんな…）

助詞「が」を使った例と比べて見ましょう。

・（いくつかのうちで）愛が永遠だ。
・（私にとっては）自由がなにものにも代えがたい。
・（そんなことをすると）人が死ぬ。

冠詞なしの名詞や、冠詞＋名詞複数の形でも総称があらわせます。冠詞を用いる方が格式ばった表現だと言えます。

・*Homo* estas kruela vivaĵo. 人間は残酷な生きものだ。
・*La homo* estas kruela vivaĵo.

人間というものは残酷な生きものである。

・*La homoj* estas kruelaj vivaĵoj.

人間というものはみな、残酷な生きものである。

※　※　※

エスペラントの冠詞には、形容詞に続く名詞が省略されていることを暗示する働きもあります。省略できるの

2. 単語と品詞

は、どの単語が省略されているか文脈などによって推定
できる場合です。

・la riĉaj　　　　金持ちたち　　(= la riĉaj homoj)
・la japana　　　日本語　　　　(= la japana lingvo)
・la mia　　　　私のもの　　　(= la mia kajero など
　　　　　　　　　　　　　　　　　お互いにわかっているもの)

　日本語にも、具体的な名詞の代わりに形式名詞「の」
を用いた次のような表現があります。

・若いのをよこしてくれ。　　　　(=若い人を…)
・熱いのをグッとやりたいなあ。　(=熱い酒を…)
・あの青いのが気に入った。　　　(=青い品物が…)

※　※　※

　エスペラントの冠詞が担っている機能が、日本語では
「は」と「が」の使い分けや、「あの、この、その」な
どの指示語などに分散しています。一つの単語に集約さ
れているほうが、学びやすいのではないかと思います。
ただ、日本語のような冠詞のないことばを母語とする人
にとってはわかりづらいかも知れません。エスペラント
では、冠詞を使うべきかどうか迷う場合は、慣れるまで
使わなくても良いとされています。

39

2-2-3 数詞

エスペラントの数詞は次の12個です。

1 unu	2 du	3 tri	4 kvar	5 kvin	6 ses
7 sep	8 ok	9 naŭ	10 dek	100 cent	1000 mil

十の倍数（90まで）と百の倍数（900まで）は、これら
の数詞の組み合わせでできています。

20 dudek	30 tridek	40 kvardek	...	80 okdek	90 naŭdek

200 ducent	300 tricent	400 kvarcent	...	800 okcent	900 naŭcent

これらを使って1から999までの数があらわせます。
日本語と同じく完全な十進法で、英語の11や12にあた
る"eleven", "twelve"のような単語はありません。

11	dek unu	(10+1)
12	dek du	(10+2)
13	dek tri	(10+3)
28	dudek ok	(20+8)
67	sesdek sep	(60+7)
345	tricent kvardek kvin	(300+40+5)
999	naŭcent naŭdek naŭ	(900+90+9)

千を越える数や百万を超える数は、3けたで区切り、数

詞 "mil"（千）を使って次のようにあらわします。

654 321
sescent kvindek kvar <u>mil</u> tricent dudek unu
$$(600+50+4)×\underline{1000}+(300+20+1)$$

百万を越える数は、名詞 "miliono"（百万）と組み合わせて次のようにあらわします。

987 600 000
naǔcent okdek sep <u>milionoj</u> sescent mil
$$(900+80+7)×\underline{1000000}+(600)×1000$$

※　※　※

日本語では、次のような漢語由来の数詞が用いられています。

・いち、に、さん、し/よん、ご、ろく、しち、はち、く/きゅう、じゅう（一、二、三、四、五、六、七、八、九、十）[8]

11から9999まで数は、これらの数詞と「百、千」を用いた十進法であらわします。

・4321　　　　　　　　　　　　　　　　　　　4千3百2十1

5桁以上の数は「万、億、兆」などを用いて、4桁区切りの十進法であらわします。

・8765 4321　　　　　　　8千7百6十5 [万] 4千3百2十1
・3249 8000 0000　　　　3千2百4十9 [億] 8千 [万]

※　※　※

---

[8] やまとことば由来のものもあります：ひ、ふ、み、よ、ゐ(い)、む、な、や、こ、と。ものの数を数える場合は：ひとつ、ふたつ、みっつ、よっつ、いつつ、むっつ、ななつ、やっつ、ここのつ、とお。

エスペラントの数詞は、次のような番号をあらわす単語として名詞的に用います。数字のら列として読むとき、ゼロは"nulo"（名詞）です。

・ĉambro 306 (tricent ses / tri nulo ses)　　　　306号室
・telefonnumero 22-3083 (du du, tri nulo ok tri)

電話番号22-3083
・kontonumero 9987 (naŭ naŭ ok sep)　　口座番号9987
・identiga numero 12538 (unu du kvin tri ok)

認識番号12538

数詞はものの数も示します。形容詞のような働きをしていますが、数詞自体には複数語尾をつけません。

・du pomoj　　　　　2つのリンゴ／リンゴふたつ
・tri infanoj　　　　　3人の子どもたち／子どもたち3人
・dek du seĝoj　　　　12脚のイス／イス12脚

日本語では、次の例のように、数えるものに応じて数え方を変えます。

　　一匹、一頭、一羽、一輪（いちりん）、一棹（ひとさお）、
　　一個、一人、一枚、一台、一滴、一首、一句 …

これらの「匹、頭、台、羽…」などを「助数詞」と言います。

2. 単語と品詞

2-2-4 原形副詞

　原形副詞には、時や比較、程度、様子、疑問、近接、任意と譲歩、否定などをあらわすものがあります。「副詞」と名づけられていますが、語尾が "e" で終わる副詞とは異なる働きをするものが多く含まれています。

【相対的な日づけ】

hieraŭ きのう	hodiaŭ きょう	morgaŭ あす

　日本語同様、これらは副詞としてだけではなく、名詞としても使われます。

(1) その手紙はきのう来ました。　（副詞）*9

(2) きのうが私の誕生日だった。　（名詞）

【未然、完了、継続など】

baldaŭ 間もなく	jam すでに	nun いま
ĵus さっき	plu 引き続き	tuj ただちに

【比較と最上】

pli （〜より）もっと	plej もっとも／いちばん

　形容詞や副詞と組み合わせて用います。形容詞自体は変化しません。

---

⁹ これらの文は、エスペラントでは次のようになります。

(1) La letero venis hieraŭ.　(2) Hieraŭ estis mia naskiĝtago.

43

- *pli* juna viro   （〜より）もっと若い男
- *pli* rapide kuri   （〜より）もっと速く走る
- *plej* rapide kuri   もっとも速く走る

"pli" で比べる対象は、"ol"（〜より）で示します。*10

- pli juna *ol* mi   私より（もっと）若い
- pli rapide *ol* vi   あなたより（もっと）速く

"plej" が形容詞を修飾する場合は冠詞（→2-2-2/p.36）を伴います。

- *la* plej juna knabo   もっとも若い少年
- *la* plej rapida kuranto もっとも早い走者

【程度】形容詞や副詞を修飾します。

tre とても	tro 〜すぎる

- *tre* dolĉa kuko   とても甘い菓子
- *tre* multe trinki   とてもたくさん飲む
- *tro* dolĉa kuko   甘すぎる菓子
- *tro* multe trinki   たくさん飲みすぎる

【様子】

apenaŭ かろうじて	kvazaŭ まるで	preskaŭ ほとんど

- *apenaŭ* kompreni   なんとか理解する
- *kvazaŭ* elefanto   象のように
- *preskaŭ* morta   死にかけている〜

---

10 "ol" は従属接続詞です。

2. 単語と品詞

【疑問、否定、近接、任意・譲歩】

ĉu	ne	ĉi	ajn
〜か？	〜ない	近接	任意・譲歩

"ĉu" を文頭におくと、文が疑問文となります。日本語の「〜か？」に相当します。（→4-3-2/p.110）

"ne" は右にある単語を打ち消します。（→4-3-1/p.109）

・*ne* juna　若くない　　・*ne* trinki　飲まない

"ĉi" "ajn" は、相関詞（→2-2-7/p.52）とともに用いることの多い単語です。

【とりたて】

次の原形副詞は、右にある単語や表現を強調する単語です。

ankaŭ	eĉ	nur	almenaŭ
〜も	〜さえ 〜すら	〜だけ 〜のみ	少なくとも… 〜くらい

【そのほか】

間投詞の働きをするものもあります。

ja	do	jen	tamen	jes	ne
まさに	さて	ほら	けれども	ええ	いいえ

形容詞や副詞の働きをするものもあります。

ambaŭ	for	mem
両方の〜	離れて	〜自身/〜自体

45

2-2-5 前置詞

前置詞は "al, antaŭ, dum, ĝis, por, pri, en, kun, sen, sur…" などの単語で、名詞や人称代名詞などを従えて「句」を作ります。句とは、文の中で意味を持つ二つ以上の単語の集まりです。前置詞が導く句は、次に示す(1)(2)(3)の意味をもった単語群で、文中で形容詞（→5-1-1/p.129）や副詞（→7-1-1/p.149）の働きをします。

(1) 空間の中での関係：方向、場所、位置、到達点、移動の起点など。

- ・al　　　〜の方へ　　al Tokio　　　　　東京へ
- ・antaŭ　〜の前　　　antaŭ la domo　　その家の前

(2) 時間の中での関係：期間、日にち、時刻、時の起点、時の到達点など。

- ・dum　〜のあいだ　　dum ses jaroj　　6年間
- ・ĝis　〜まで　　　　ĝis la mateno　　朝まで

(3) 抽象的な関係：対象、目的、原因/理由、手段/方法、同伴、所属/所有、行為者など。

- ・por 〜のため［目的］　　　por prospero　繁栄のため
- ・pri 〜について［対象］　　pri Japanio　日本について

ここまであげたもののほかに、次のような前置詞があります。よく使われるものを、代表的な訳語とともに示します。一つの前置詞が、空間の関係と時間の関係の両方で使われることもあります。

2. 単語と品詞

【空間に関するもの】

・apud	〜のわき	・ĉe	〜のところ
・ĉirkaŭ	〜のまわり	・de	〜から
・ekster	〜の外	・el	〜(の中)から
・en	〜(の中)で	・ĝis：	〜まで
・inter	〜のあいだ	・kontraŭ	〜に向かって
・laŭ	〜にそって	・sub	〜の下
・super	〜の上の方	・sur	〜の上
・tra	〜を通って	・trans	〜のむこう

【時間に関するもの】

・antaŭ	〜の前	・ĉirkaŭ	〜ごろに
・de	〜から	・inter	〜のあいだ
・en	〜に［年/月/日］	・je	〜に［時刻］
・post	〜のあと		

【抽象的な関係】

- ・anstataŭ 〜の代わり［代理］
- ・da 〜(の量)の［計量］
- ・de 〜の［所属/所有］；〜による［行為者］
- ・el 〜のうちで［選択範囲］
- ・kontraŭ 〜に反して［反対］
- ・krom 〜のほかに［除外］
- ・kun 〜と［同伴/付帯事情］
- ・per 〜で［手段/方法］
- ・po 〜ずつ［分配］
- ・pro 〜ゆえに［原因/理由］
- ・sen 〜なしで［排除］

2-2-6　接続詞

接続詞は "kaj, sed, aŭ, nek" の四つで、単語と単語、句と句、文と文をつなぎます。[11]

【並列：kaj】日本語の助詞「と、や、て、も、し、たり、そして」などに相当します。

- amo *kaj* vivo　　　　　　　　愛と命
- bela *kaj* saĝa　　　　　　　　美しいし賢い
- alte *kaj* fore　　　　　　　　高くて遠くに
- manĝi *kaj* trinki　　　　　　食べたり飲んだり

【逆接：sed】「が、けれど」など。

- bela *sed* stulta　　　　　　　美しいが愚かな
- vivi *sed* ne aktivi　　　　　生きているけれど活動しない
- mizere *sed* fiere　　　　　　貧しいが気高く

【選択：aŭ】「か、または、あるいは」など。

- amo *aŭ* kompato　　　　　　愛あるいは同情
- saĝa *aŭ* ruza　　　　　　　　賢いのかずるいのか
- dekstre *aŭ* maldekstre　　　右または左に
- manĝi *aŭ* paroli　　　　　　食べるかしゃべる

【否定：nek】「（〜でもなく）…ない」に相当します。これ自体が打ち消しを含んでいます。

- ne amo *nek* vivo　　　　　　愛でも命でもない
- ne bela *nek* saĝa　　　　　　美しくも賢くもない
- ne alte *nek* fore　　　　　　高くもなく遠くもなく
- ne manĝi *nek* trinki　　　　食べもせず飲みもせず

---

[11] 文と文の接続については7-3 (p.159) を参照してください。

2. 単語と品詞

　句と句をつなぐ例をあげます。

・sur la tablo *kaj* sub la seĝo 　　机の上とイスの下に
・sur la tablo *aŭ* sub la seĝo 　　机の上かイスの下に
・ne sur la tablo *sed* sub la seĝo

　　　　　　　　　机の上ではなくイスの下に
・ne sur la tablo *nek* sub la seĝo

　　　　　　　机の上でもイスの下でもなく

　ここまでにあげた接続詞を「等位接続詞」と言います。これらのほかに、文を文の一部として取り込む接続詞や、理由や時、条件を示して文と文をつなぐ接続詞があります。これらを「従属接続詞」と言います。6-2（p.145）と7-2（p.155）で説明します。

2-2-7　相関詞

　日本語には「こそあどことば」と呼ばれる体系だった単語群があります。

		語頭			
		近称 こ〜	中称 そ〜	遠称 あ〜	不定称 ど〜
語尾	事物　〜れ	これ	それ	あれ	どれ
	場所　〜こ	ここ	そこ	あそこ	どこ
	方向　〜ちら	こちら	そちら	あちら	どちら
	様子　〜んな	こんな	そんな	あんな	どんな
	指示　〜の	この	その	あの	どの

　話し手からものや場所までの距離（心理的な距離を含む）に応じて、語頭が「こ」「そ」「あ」の単語を使い分けます。

・こ〜：話し手に近い
・そ〜：話し相手（聞き手）に近い
・あ〜：話し手からも聞き手からも遠い
・ど〜：疑問をあらわす

　この「こそあどことば」と似た次のような単語群がエスペラントにもあります。次のページの表に載っている単語を「相関詞」といいます。

2. 単語と品詞

		語頭				
		疑問 ki-	特定 ti-	不特定 i-	すべて ĉi-	否定 neni-
語尾	全体 -o	kio	tio	io	ĉio	nenio
	個別 -u	kiu	tiu	iu	ĉiu	neniu
	性質 -a	kia	tia	ia	ĉia	nenia
	所有 -es	kies	ties	ies	ĉies	nenies
	場所 -e	kie	tie	ie	ĉie	nenie
	時 -am	kiam	tiam	iam	ĉiam	neniam
	方法 -el	kiel	tiel	iel	ĉiel	neniel
	理由 -al	kial	tial	ial	ĉial	nenial
	量 -om	kiom	tiom	iom	ĉiom	neniom

それぞれの単語の代表的な意味は次の通りです。

kio なに	tio それ	io なにか	ĉio すべて	nenio なにも～ない
kiu だれ	tiu その人	iu だれか	ĉiu みんな	neniu だれも～ない
kia どんな	tia そんな	ia なんらかの	ĉia あらゆる	nenia どんな～もない

51

kies だれの	ties それの	ies だれかの	ĉies みんなの	nenies だれの〜もない
kie どこ	tie そこ	ie どこか	ĉie どこにでも	nenie どこにも〜ない
kiam いつ	tiam その時	iam いつか	ĉiam いつでも	neniam いつも〜ない
kiel どう	tiel そのように	iel どうにか	ĉiel どうにでも	neniel どうにも〜ない
kial なぜ	tial それで	ial なぜか	ĉial あらゆる理由で	nenial どんな理由でも〜ない
kiom どれほど	tiom それだけ	iom いくぶん	ĉiom ありったけ	neniom 少しも〜ない

　語頭が "ti-" の相関詞の左か右に原形副詞 "ĉi"（→ 2-2-4/p.45）をおくと「近接」があらわせます。

tio ĉi これ	ĉi tiu この	tia ĉi こんな	ĉi tie ここ	tiom ĉi こんなに

　語頭が "i-" の相関詞の右に原型副詞 "ajn"（→ 2-2-4/p.45）をおくと「任意」があらわせます。

io ajn なんでも	iu ajn だれでも	ie ajn どこでも	iam ajn いつでも	iom ajn いくらでも

2. 単語と品詞

2-2-8　間投詞

間投詞は、日本語の次のような感動詞や感嘆詞に相当します。

あら、あのね、よし、ああ、おお、わあ、まあ、もしもし、おい、はい、いいえ、うん、ふん、ええ…

エスペラントには次のような間投詞がありますが、会話の中では、母語で使い慣れた単語が口をついて出る、というのが自然です。

Aj! 痛い!, Ba! なんだ?, Bis! アンコール!, Ek! さあ、いざ!, Fi! ちぇ!, Fek! くそ!, Halo. もしもし, Hura! ばんざい!, Ve! ああ残念!, Nu. さて…

次のようなあいさつのことばや会話の中の定型表現も、間投詞に近い働きをしています。

・Saluton.	やあ。
・Bonan matenon.	おはよう。
・Bonan tagon.	こんにちは。
・Bonan vesperon.	こんばんは。
・Bonan nokton.	おやすみなさい。
・Dankon.	ありがとう。
・Ne dankinde.	どういたしまして。
・Ĝis la revido.	さようなら。
・Pardonon.	ごめんなさい。
・Ne gravas.	たいしたことではありません。

2-2-9 固有名詞

　国名や、海、川、山、島、半島、都市名、人名などを
あらわす名詞を「固有名詞」といいます。エスペラント
では、おもな固有名詞にも名詞語尾 "o" がついていま
す。一文字めを大文字にします。例をあげます。

【国名】Afganio アフガニスタン, Indonezio インドネシ
ア, Turkio トルコ, Japanio 日本, Tongo トンガ, Britio
イギリス, Nederlando オランダ, Rusio ロシア, Usono ア
メリカ合衆国, Argentino アルゼンチン…

【都市名】Tokio 東京, Jokohamo 横浜, Osako 大阪,
Hiroŝimo 広島, Seulo ソウル, Parizo パリ, Nov-Jorko
ニューヨーク, Londono ロンドン, Moskvo モスクワ…

【海、川、山、島、半島】Atlantiko 大西洋, Pacifiko 太
平洋, Alpoj アルプス山脈, Amazono アマゾン川, Sejno
セーヌ川, Tigriso チグリス川, Nilo ナイル川, Pask-insulo
イースター島, Krimeo クリミア半島, Kilimanĝaro キリマ
ンジャロ山, Gvadalkanalo ガダルカナル島…

海や半島の名前などには「形容詞＋普通名詞」ででき
ているものもあります。

Araba Maro アラビア海, Egea Maro エーゲ海, Nigra
Maro 黒海, Norda Maro 北海, Tibeta Altebenaĵo チベ
ット高原, Alaska Duoninsulo アラスカ半島, Araba
Duoninsulo アラビア半島…

　「一般の形容詞＋普通名詞」の固有名詞は、冠詞 "la"
をそえれば固有名詞だということが示せます。

2. 単語と品詞

・la Nigra Maro　黒海　(nigra maro 黒い色の海)
・la Norda Maro　北海　(norda maro 北の方にある海)

　ここまでにあげたような国際的に知られた地名など
は、名詞語尾 "o" がついていて、「エスペラント化」さ
れた固有名詞だと言えます。それほど広く知られていな
い地名などは「普通名詞＋ローマ字による現地つづり地
名」で示します。冠詞を添えれば、地名が続くことを暗
示できます。

　la urbo Numazu 沼津市, la rivero Kano 狩野川,
　la duoninsulo Izu 伊豆半島, la monto Kanuki 香貫山…

　世界エスペラント大会などの催しものが行われると、
開催地の都市名がエスペラント化され、広く使われるよ
うになります。

　Adelajdo　アドレード (オーストラリア), Tel-Avivo テルア
　ビブ (イスラエル), Hanojo ハノイ (ベトナム), Bonaero ブ
　エノスアイレス　(アルゼンチン), Lillo　リール　(フランス),
　Nitro ニトラ (スロバキア), Lisbono リスボン (ポルトガル)…

　一つの都市名や地名について複数の案が登場する場合
もありますが、どれを使うかは実用の中で決まります。

　聖書に出てくるような有名な人名にはエスペラント化
されているものもあります。

　Petro ペトロ, Paŭlo パウロ, Karlo カルロ…

　普通の人の名前は、ローマ字での現地つづりにしま
す。その名詞が人の名前であることは、たいがいの場

55

合、文脈や会話状況で判別できますが、敬称 "s-ro
(sinjoro), s-ino (sinjorino)" や普通名詞を添えると相手
にわかりやすくなります。

s-ro Suzuki 鈴木さん, mia frato Toŝio 私の兄弟の利夫,
la verkisto Sumii Sue 作家の住井すゑ

3. 語彙の拡張

　ここまでの例文に出てきた単語の中には、意味が推測できるものがたくさんあったのではないでしょうか。

　エスペラントの単語の多くは民族語から採用されています。ロマンス諸語やゲルマン諸語からのものが多いと言われています。[1]

　いろいろなことばに共通するものを選んでエスペラントの単語としてありますが、これらの諸語に属さないことばを話す人たち、たとえば日本を含むアジアの人びとにとっては不公平だという意見がありえます。

　その問題を解決する方法は、文字の場合と同様に、二つ考えられます。

(1)すべてのことばから均等に単語を選び、とり込む

(2)どのことばとも異なる、まったく新しい語彙体系をつくる

　しかし、これらの方法では、公平性が確保できたとしても、ことばの統一性や学びやすさ、話しやすさを大きく損なうことになります。

　たしかに、ことばの学習では単語を覚えるのがいちばん面倒で時間がかかるのは事実です。母語がこれらの諸語に属さない人々にも配慮して、エスペラントには次の節で述べる工夫がされてます。

---

[1] ロマンス諸語とは、イタリア語やフランス語、スペイン語、ポルトガル語などラテン語を源とする諸言語です。ゲルマン諸語には、ドイツ語、英語などが含まれます。

3-1 品詞語尾の交換と追加

3-1-1 交換

　動詞と名詞、形容詞、副詞は、品詞語尾を交換して、ほかの品詞の単語として用いることができます。

動詞 -i	名詞 -o	形容詞 -a	副詞 -e
flui 流れる	fluo 流れ	flua 流れの〜	flue 流れるように
ami 愛する	amo 愛	ama 愛の〜	ame いつくしんで

　しかし、品詞語尾を交換して作った単語が、すべて使えるとは限りません。それぞれの語根が持っている概念が、もともと「品詞性」を含んでいて、その品詞性が転用を制限するからです。

　たとえば漢字の「美」と「走」を考えてみましょう。「美しい」「走る」という送りがなが真っ先に思い浮かぶように、それぞれ形容詞性と動詞性の概念を含んだ文字だと言えます。

　名詞性の語根 "tabl"（机）の例をあげます。「?」の印をつけた単語が使える場面は少ないでしょう。

tabli ?机する	tablo 机	tabla 机の〜	table ?机のように

　形容詞性の語根 "bel"（美）の例をあげます。

58

3. 語彙の拡張

beli ？美しくある	belo 美	bela 美しい～	bele 美しく

動詞性の語根 "kur"（走）の例をあげます。

kuri 走る	kuro 走	kura ？走の～	kure 走って

※　※　※

　このような品詞の転用はたいへん便利ですが、エスペラントだけのものではありません。日本語の動詞「流れる」と「走る」「遊ぶ」が名詞、形容詞、副詞として使われる例をみましょう。

動詞	名詞	形容詞	副詞
流れる	流れ	流れる～	流れて～
走る	走り	走る～	走って～
遊ぶ	遊び	遊ぶ～	遊んで～

　これらの形容詞は、学校文法では「動詞の連体形」（名詞を修飾する形）と言います。

［形容詞］流れる川、走る動物、遊ぶ子ども

［副詞］　流れてゆく、走ってもどる、遊んで暮らす

　動詞から派生した名詞の例をあげます。

・よい走りができるように　　（＝よく走れるように）

・人々の笑いをさそう　　　　（＝人々を笑わせる）

・新しい遊びを思いつく　　　（＝遊び方を思いつく）

59

・<u>学び</u>の場　　　　　　　　（＝学ぶところ）

次のような表現も見かけます。

・<u>泣き</u>を入れる　　　　　　（＝泣きつく）
・<u>蹴り</u>を入れる　　　　　　（＝蹴る）
・<u>殺し</u>がおこる　　　　　　（＝殺人がおこる）

　全ての動詞に適用できるわけではありませんが、動詞から転用された名詞には、語尾に規則性があります。

動詞 -u	学ぶ manabu	走る haŝiru	泣く naku	蹴る keru
名詞 -i	学び manabi	走り haŝiri	泣き naki	蹴り keri

動詞 -u	憧れる akogareru	流れる nagareru	崩れる kuzureru	遅れる okureru
名詞 -re	憧れ akogare	流れ nagare	崩れ kuzure	遅れ okure

　イ形容詞の「美しい、高い」とナ形容詞の「きれいな、清潔な」が名詞、副詞、言い切りの形で使われる例をみましょう。「さ」をつけると名詞になります。

形容詞	名詞	副詞	言い切り
美しい～	美しさ	美しく～	美しい。
高い～	高さ	高く～	高い。
きれいな～	きれいさ	きれいに～	きれいだ。
清潔な～	清潔さ	清潔に～	清潔だ。

3. 語彙の拡張

　これらの副詞は、学校文法では「形容詞の連用形」（動詞を修飾する形）と言います。

［副詞］美しく咲く、高く飛ぶ、きれいに片づける、清潔にする

　名詞も、助詞「の」や「で」、「する」を添えて、形容詞や副詞、動詞の働きをさせることができます。

名詞	形容詞	副詞	動詞
選挙	選挙の〜	選挙で	選挙する
旅行	旅行の〜	旅行で	旅行する

　「学生」や「タバコ」は名詞性が強く、動詞として用いるのは難しいと思われますが、次のような用例を見かけることがあります。

・私、いま学生しています。　（＝学生です。）
・タバコする？　　　　　　　（＝タバコを吸う）

　日本語では、助詞「の」を用いれば、副詞を形容詞化することもできます。

・かつてのできごと（かつて）　・全くのうそ（全く）
・たびたびの失言（たびたび）　・突然の来訪（突然）

　擬態語や擬音語にも、助詞「の」や「な」をつけて、形容詞にすることができるものがあります。

・ぎらぎらの太陽　　　　・ぴかぴかの新車
・どろどろな関係　　　　・がたがたな道

3-1-2　追加

　自立語根に品詞語尾を追加して、その品詞の単語として用いることができます。

　人称代名詞（→2-2-1/p.34）に形容詞語尾 "a" を添えると、所有をあらわす形容詞「〜の」になります。

	一人称	二人称	三人称
単数	mia 私の	via あなたの	lia, ŝia, ĝia 彼の/彼女の/それの
複数	nia 私たちの	via あなたがたの	ilia 彼らの/それらの

　数詞（→2-2-3/p.40）に形容詞語尾 "a" を添えると、順番をあらわす形容詞（序数詞）になります。

1 unua 一番めの	2 dua 二番めの	3 tria 三番めの	4 kvara 四番めの	5 kvina 五番めの

　数詞に副詞語尾 "e" を添えると、順番をあらわす副詞「〜に」になります。

1 unue 一番めに	2 due 二番めに	3 trie 三番めに	4 kvare 四番めに	5 kvine 五番めに

　原形副詞も、概念が許す限り、品詞語尾をつけて、その品詞の単語として用いることができます。

3. 語彙の拡張

	動詞	名詞	形容詞	副詞
jes はい	jesi 肯定する	jeso 肯定	jesa 肯定の	jese 肯定して
ne いいえ	nei 否定する	neo 否定	nea 否定の	nee 否定して

次のような原形副詞から導いた形容詞は、使いやすい
単語です。

原形副詞		形容詞	
hieraŭ	きのう	hieraŭa	きのうの
hodiaŭ	きょう	hodiaŭa	きょうの
morgaŭ	あす	morgaŭa	あすの
nun	いま	nuna	いまの
tuj	すぐに	tuja	即座の
tro	～すぎる	troa	過度の

前置詞も、品詞語尾をつけてその品詞の単語として用
いることができます。例をあげます。

前置詞：ĉirkaŭ ～のまわり			
動詞	名詞	形容詞	副詞
ĉirkaŭi 包囲する	ĉirkaŭo まわり	ĉirkaŭa まわりの	ĉirkaŭe まわりに

前置詞：kontraŭ 〜に対して			
動詞	名詞	形容詞	副詞
kontraŭi 反対する	kontraŭo 反対	kontraŭa 反対の	kontraŭe 反対に

前置詞から導いた次のような形容詞や副詞も、使いやすい単語です。

前置詞	形容詞	副詞
ekster 〜の外	ekstera 外の	ekstere 外に
sub　〜の下	suba　下の	sube　下に
krom 〜のほか	kroma ほかの	krome ほかに

3-2　動詞と語尾

　動詞は、状態や変化、動作、働きかけなどをあらわす単語で、文の中で核となる働きをします。動詞語尾 "i" をほかのものに交換することで、時制（時間の前後関係）を変えたり、働きかけの方向を変えたり、話し手の意志をあらわす形や、仮定の形にすることができます。

3-2-1　時制語尾

　動詞語尾 "i" を "as" "is" "os" に交換すると、例外なく「事実形・現在形、過去形、未来形」になります。

事実形・現在形	過去形	未来形
as 〜する・〜している	is 〜した	os 〜するだろう

3. 語彙の拡張

"manĝi" (食べる) と "loĝi" (住む) の例をあげます。

事実形・現在形	過去形	未来形
manĝas 食べる・食べている	manĝis 食べた	manĝos 食べるだろう

事実形・現在形	過去形	未来形
loĝas 住む・住んでいる	loĝis 住んでいた	loĝos 住んでいるであろう

事実形と現在形の違いは次の通りです。

(1) 日本人は魚を<u>食べる</u>。　　　　　　(事実)
(2) 私たちはいま魚を<u>食べている</u>。　　(現在)
(3) 魚は水中に<u>住む</u>。　　　　　　　　(事実)
(4) 私の兄は東京に<u>住んでいる</u>。　　　(現在)

(1)〜(4)をエスペラントに訳すと次のようになります。

(1) Japano *manĝas* fiŝon.　　　　　(事実)
(2) Ni nun *manĝas* fiŝon.　　　　　(現在)
(3) Fiŝo *loĝas* en akvo.　　　　　　(事実)
(4) Mia frato *loĝas* en Tokio.　　　(現在)

エスペラントでは、そのままの形が事実形と現在形を兼ねていますが、日本語の動詞は「いる」をつけて現在形にします。

状態の継続も「ある」「おく」などの補助動詞を用いてあらわします。（「ある」→3-2-3/p.72）

・ドアが開けて<u>ある</u>。　　　・ドアを開けて<u>おく</u>。

65

"esti"「〜である*²」"havi"「〜を持っている」などの
よく使う重要な動詞も、語尾を"as""is""os"に交換す
れば「事実形・現在形、過去形、未来形」になります。
主語の人称による変化もありません。

事実形・現在形	過去形	未来形
estas 〜である	estis 〜だった	estos 〜であろう
havas 持つ・持っている	havis 持っていた	havos 持つであろう

　ここまで、動詞の未来形に「〜するだろう」「食べる
だろう」「持つであろう」などの訳語をあてましたが、
これらは、推量の形を借りて未来であることを強調する
表現です。日本語の動詞では「事実形」と「未来形」が
同じ形です。「食べる」と「やる」の例をあげます。

事実形・未来形	過去形
食べる	食べた
する	した

(1) 日本人は米を食べる。　　　　　　　（事実）

---

² "esti" は英語の "be" に相当しますが、"be" は、主語の人称と時制に
　よって "is, am, are, was, were" を使い分けなければなりません。また
　英語では、一般の動詞でも主語が三人称単数（he, she, itなど）で現在
　形の動詞は語尾が変化します。（例：have - has, like - likes, open -
　opens）"esti" は日本語の「〜だ、〜です」に相当します。教授用日本
　語文法では、これらを「判定詞」といいます。
　"esti" には「(〜が)ある、いる」という意味もあります。

3. 語彙の拡張

(2) あすは焼き肉を<u>食べる</u>。　　　（未来）
(3) 宿題はいつも夕食前に<u>する</u>。　（事実）
(4) 宿題はあすの朝<u>する</u>。　　　（未来）*3

　(1)～(4)をエスペラントに訳すと次のようになります。

(1) Japano *manĝas* rizon.

(2) Morgaŭ mi *manĝos* rostitan viandon.

(3) Kutime mi *faras* hejmtaskon antaŭ vespermanĝo.

(4) Mi *faros* hejmtaskon morgaŭ matene.

3-2-2　自動詞と他動詞

　動詞は自動詞と他動詞という観点から区別できます。

・自動詞…動作や作用がそれ自身の働きとして出る動詞
・他動詞…動作や作用をほかのものに働きかける動詞

　次にあげる日本語の例では、自動詞と他動詞がペアに
なっています。

自動詞	他動詞
(～が) 燃える	(～を) 燃やす
(～が) 折れる	(～を) 折る
(～が) 割れる	(～を) 割る
(～が) 閉まる	(～を) 閉める
(～が) 上がる	(～を) 上げる
(～が) 集まる	(～を) 集める

　他動詞に「せる、させる」をつけると「使役形」（ほ

---

3 ていねい体ならそれぞれ「食べます」「します」となります。

67

かの人に～させる）の動詞になります。

他動詞	(～を)燃やす	(～を)折る	(～を)割る
使役	(～を)燃やさせる	(～を)折らせる	(～を)割らせる

　自動詞の中には、「せる、させる」をつけて他動詞にできるものもあります。

自動詞	(～が)茂る	(～が)成長する	(～が)におう
他動詞	(～を)茂らせる	(～を)成長させる	(～を)におわせる

　他動詞の中には、「れる、られる」をつけて受け身（受動/自動詞）(→3-2-4/p.75, →5-1-2/p.134)として用いることができるものもあります。

他動詞	(～を)置く	(～を)磨く	(～を)探す
受け身	(～が)置かれる	(～が)磨かれる	(～が)探される

　日本語は、どちらかというと自動詞と他動詞をはっきり区別することばですが、自動詞と他動詞両方の働きのある動詞もあります。

自動詞	他動詞
(戸が) ひらく	(戸を) ひらく
(夜が) あける	(箱を) あける
(風が) 吹く	(笛を) 吹く
(国会が) 解散する	(国会を) 解散する
(夢が) 実現する	(夢を) 実現する
(問題が) 解決する	(問題を) 解決する
(施設が) オープンする	(施設を) オープンする

3. 語彙の拡張

　これらの例から、自他両用の動詞は「〜する」の形が
多いことがわかります。

※　※　※

　エスペラントの動詞にも自動詞と他動詞の区別があり
ます。他動詞の例をあげます。

kapti (〜を)捕らえる	miksi (〜を)混ぜる	movi (〜を)動かす

　語根と品詞語尾 "i" のあいだに "iĝ" を入れて、他動詞
を自動詞にすることができます。この "iĝ" や次にあげる
"ig" を接尾辞といいます。(→3-3/p.79)

他動詞	+iĝ　自動詞
kapti　(〜を)捕える	kaptiĝi　(〜が)捕まる
miksi　(〜を)混ぜる	miksiĝi　(〜が)混ざる
movi　(〜を)動かす	moviĝi　(〜が)動く

　他動詞に "ig" をつけると使役をあらわす動詞「〜させ
る」になります。

他動詞	+ig　使役
kapti　(〜を)捕らえる	kaptigi　(〜を)捕らえさせる
miksi　(〜を)混ぜる	miksigi　(〜を)混ぜさせる
movi　(〜を)動かす	movigi　(〜を)動かさせる

※　※　※

自動詞の例をあげます。

daŭri	bruli	halti
(〜が)続く	(〜が)燃える	(〜が)止まる

　語根と品詞語尾のあいだに "ig" を入れて、自動詞を他動詞にすることができます。

自動詞	+ig　他動詞
daŭri　(〜が)続く	daŭrigi　(〜を)続ける
bruli　(〜が)燃える	bruligi　(〜を)燃やす
halti　(〜が)止まる	haltigi　(〜を)止める

　エスペラントの動詞も、語義に応じて一つの動詞が他動詞として使われたり自動詞として使われるものがあります。例をあげます。

	自動詞	他動詞
ludi	(〜が)遊ぶ	(〜を)演奏する
rigardi	(〜が)視線を向ける	(〜を)注視する

　日本語では、自動詞を用いた次のような表現が好まれます。自動詞化の接尾辞 "iĝ" を使えば、エスペラントでも表現できます。

・豆が<u>煮える</u>。　　　　（kuiri 煮る／*kuiriĝi* 煮える）
・犯人が<u>捕まる</u>。　　　（kapti 捕まえる／*kaptiĝi* 捕まる）
・戸が<u>壊れる</u>。　　　　（detrui 壊す／*detruiĝi* 壊れる）
・物音が<u>聞こえる</u>。　　（aŭdi 聞く／*aŭdiĝi* 聞こえる）

3. 語彙の拡張

3-2-3　動詞の相

　動詞の持つ意味が、状態なのか、継続的動作なのか、瞬間的変化なのかなどの区別を「相 (そう)」といいます。日本語の例をあげます。

(1) 状態	(a) 自動詞	ある、いる
	(b) 自動詞	似る、そびえる、とがる
(2) 動作	(a) 自動詞	歩く、走る、泣く、笑う
	(b) 他動詞	読む、書く、運ぶ、選ぶ
(3) 変化	(a) 自動詞	割れる、開く、止まる、落ちる
	(b) 他動詞	割る、開ける、止める、落とす

(1)(a)の状態動詞は「(〜て)いる」という形で用いることはありません。

　× 机が<u>あっている</u>　　　× 犬が<u>いている</u>

(1)(b)の状態動詞は「(〜て)いる」という形で使われます。「(〜て)いた」とすれば過去の状態になります。

　似ている／そびえている／とがっていた

(2)(a)(b)の動詞に「(〜て)いる」をつけると、その動作が進行中であることがあらわせます。「(〜て)いた」とすれば、過去の時点で進行中であったことになります。

　歩いている／走っている／読んでいた／書いていた

(3)(a)の動詞に「(〜て)いる」をつけると、変化がすでに完了し、その状態が続いていることをあらわします。「(〜て)いた」とすれば、過去の時点でその状態が続

71

いていたことになります。

　割れている／開いている／止まっていた／落ちていた

(3)(b)の動詞に「(〜て)いる」をつけると、動作が進行中
　であることがあらわせます。「(〜て)いた」とすれば、
　過去の時点で進行中だったことになります。

　割っている／開けている／止めていた／落としていた

(3)(b)の動詞に「(〜て)ある」をつけると、動作がすでに
　完了し、その状態が続いていることをあらわします。
　「(〜て)あった」とすれば、過去の時点でその状態が
　続いていたことになります。

　割ってある／開けてある／止めてあった／落としてあ
　った

　ここまでの例のように、日本語では、動詞に「いる、
ある、いた、あった」などの補助動詞をつけて「相」を
示します。

　次のような動詞と組み合わせて、動作や変化の開始、
継続、完了をあらわすこともできます。

・〜はじめる　　　　　　書きはじめる、走りはじめる
・〜あがる　　　　　書きあがる、仕あがる、焼きあがる
・〜あげる　　　　　書きあげる、仕あげる、焼きあげる
・〜おわる　　　　　書き終わる、食べ終わる、咲き終わる
・〜おえる　　　　　書き終える、読み終える、食べ終える
・〜つづける　　　　書き続ける、走り続ける、使い続ける

※　　※　　※

3. 語彙の拡張

エスペラントの動詞は、その動詞のあらわす意味自体に相の区別が含まれています。この本では「線動詞」と「点動詞」という用語を使って説明します。[*4]

・線動詞…動作や状態の継続をあらわす動詞
　　　　　変化の繰り返しや動作の反復をあらわす動詞
・点動詞…動作や状態の始まりや終りをあらわす動詞
　　　　　瞬間的な動作をあらわす動詞

線動詞か点動詞かは、その動詞がもっている意味によって決まります。ただし、動作や変化の継続時間の長さは話し手の主観に関わるものなので、一つの動詞が点動詞としても線動詞としても用いられることもあります。

線動詞の例をあげます。現在形と過去形の意味は次の通りです。[*5]

現在形		過去形	
amas	愛している	amis	愛していた
estimas	尊敬している	estimis	尊敬していた
kuras	走っている	kuris	走っていた
memoras	覚えている	memoris	覚えていた
sentas	感じている	sentis	感じていた
sidas	座っている	sidis	座っていた

---

[4] 「線動詞、点動詞」という用語は、エスペラントアカデミー会員の阪直
　（さかただし）氏が考案したもので、(一財)日本エスペラント協会の
　「エスペラント日本語辞典」でも採用されています。
[5] 現在形は、文脈によっては、状態ではなく、事実をあらわします。（→
　3-2-1/p.64）

staras	立っている	staris	立っていた
vidas	見ている	vidis	見ていた

これらの線動詞に接頭辞 "ek" をつければ、点動詞に変えることができます*6。接頭辞は、単語の語頭につけて意味を変えるものです。（→ 3-4/p.85）

ekami ほれる	ekestimi 敬服する	ekkuri 走りだす	ekmemori 暗記する
eksenti 感づく	eksidi 座りこむ	ekstari 立ちあがる	ekvidi 見かける

"ek" をつけて作ったこれらの点動詞の現在形は、瞬間的な動作や変化をスローモーションで見ているような感じになるので、実際に用いる場面は少ないでしょう。

ekamas ほれつつある	ekmemoras 記憶しつつある	ekvidas 見かけつつある
ekkuras 走りだしつつある	eksentas 感づきつつある	ekstaras 立ちあがりつつある

点動詞の例をあげます。訳例からわかるように、これらの点動詞を現在形として使う場面も限られます。

現在形		過去形	
aperas	現れつつある	aperis	現れた
fermas	閉じつつある	fermis	閉じた
finas	終えつつある	finis	終えた

---

6 接尾辞 "iĝ" で点動詞にすることができるものもあります。eksidi = sidiĝi; ekstari = stariĝi。

3. 語彙の拡張

frapas	たたきつつある	frapis	たたいた
mortas	死につつある	mortis	死んだ
okazas	起こりつつある	okazis	起こった
ŝanĝas	変えつつある	ŝanĝis	変えた

点動詞には、接尾辞 "ad" をつけて動作の継続や反復をあらわす動詞にできるものがあります。

aperadi 現れ続ける	frapadi 連打する	okazadi 起こり続ける	ŝanĝadi 変え続ける

3-2-4 分詞接尾辞

動詞性の強い語根から「動き」や「変化」を含んだ名詞、形容詞、副詞（これらを「分詞」と言います）を作ることができます。このために、次にあげる接尾辞「分詞接尾辞」を用います。

	進行	完了	未然
能動	ant している	int してしまった	ont しようとする
受動	at されている	it されてしまった	ot されようとする

進行、完了、未然は次のような区別です。
・進行：動作や変化が続いていること
・完了：動作や変化がすでに終わっていること
・未然：動作や変化がこれから始まろうとしていること
　能動と受動（受け身）は次のような区別です。

・能動：動作や変化をほかのものにおよぼすこと

　　　　作る、運ぶ、見る、教える…

・受動（受け身）：ほかのものから動作や変化を及ぼされ

　　　　ること

　　　　作られる、運ばれる、見られる、教えられる…

【分詞名詞：動詞性語根＋分詞接尾辞＋o】

その動作をする人や、される人をあらわします。

・ garantianto 　　保証人 　　　　　　（garantii 保証する）
・ garantiato 　　被保証人
・ akuzinto 　　　告訴人 　　　　　　（akuzi 告訴する）
・ akuzito 　　　　被告人
・ dungonto 　　　雇用者 　　　　　　（dungi 雇用する）
・ dungoto 　　　　被雇用(予定)者／内定者

【分詞形容詞：動詞性語根＋分詞接尾辞＋a】

　動作や変化を含んだ形容詞です。次のような日本語の
表現に相当します。

・ parolanta viro 　　　　　話している男
・ parolata lingvo 　　　　　話されていることば
・ skribinta lernanto 　　　　書いてしまった生徒
・ skribita letero 　　　　　書かれた手紙
・ pagonta kliento 　　　　　払おうとしている顧客
・ pagota sumo 　　　　　　支払われる総額

　複数語尾 "j" が、修飾される名詞と一致するのは、普
通の形容詞の場合と同じです。（→2-1-3/p.29）

・ parolataj lingvoj 　　　　　話されていることば（複数）

76

3. 語彙の拡張

・ludantaj infanoj   遊んでいる子どもたち

【分詞副詞：動詞性語根＋分詞接尾辞＋e】

動作や変化を含んだ副詞です。

・rigard<u>ant</u>e   注目しながら   （rigardi 注目する）
・rigard<u>at</u>e   注目されながら
・rost<u>int</u>e   焼いて   （rosti 焼く）
・rost<u>it</u>e   焼かれて
・pak<u>ont</u>e   包もうとして   （paki 包む）
・pak<u>ot</u>e   包まれようとして

3-2-5　意志法

動詞語尾 "i" を "u" に代えると、話し手の意志をあらわすことができます。語尾が "u" で終わる動詞の形を「意志法」といいます。

辞書形（不定詞）	意志法
lerni　学ぶ	lernu　　学べ
skribi　書く	skribu　書け

(1) 私は数学を<u>学ぶ</u>つもりだ。（←私は数学を学べ）

私たち "ni" に対する意思法は勧誘をあらわします。

(2) 私たちは数学を<u>学ぼ</u>う。（←私たちは数学を学べ）

相手に対する話し手の意志は「命令」です。

(3) 数学を<u>学べ</u>。
(4) 手紙を<u>書け</u>。

第三者に対する話し手の意志は、日本語の使役「〜させる／〜べき」に相当します。

(5) 手紙は彼に<u>書かせろ</u>。（←手紙は彼が書け）

(1)〜(5)の文をエスペラントに直すと次の通りです。

(1) Mi *lernu* matematikon.*[7]

(2) Ni *lernu* matematikon.

(3) *Lernu* matematikon.

(4) *Skribu* leteron.

(5) Li *skribu* leteron.

3-2-6　仮定法

動詞語尾 "i" を "us" に代えた形を「仮定法」といい、現実とは違うことや、あり得ないことを仮定して表現する場合に用います。

不定詞 (辞書形)	仮定法
esti　〜である	estus　〜であるなら
havi　持つ／ある	havus　持っていたら
leviĝi　昇る	leviĝus　昇ったら

次の日本語の例文のような、「(もしも)〜なら/〜としたら」「(もしも)〜だったとしたら」などの表現に相当します。

(1) もしも私があなたなら…

(2) もしも私に目が三つあったら…

---

[7] "matematikon, leteron" の語尾の"n"は「〜を」に相当します。（→ 4-1/p.103)

3. 語彙の拡張

(3) もしも太陽が西から昇ったら…

(1)～(3)の文をエスペラントに直すと次の通りです。

(1) se mi *estus* vi…

(2) se mi *havus* tri okulojn…

(3) se la suno *leviĝus* en la okcidento…

3-3 接尾辞

3-2-2で、他動詞化の接尾辞 "ig" と自動詞化の接尾辞 "iĝ" の説明をしました。これらのほかにもエスペラントにはいろいろな接尾辞があり、単語の記憶にかかる負担を減らす工夫がされています。

接尾辞は、結びつきやすい語根に傾向があります。たとえば "ad" は、動詞性の語根について、行為や、動作、また動作の継続や反復をあらわす単語を作ります。

辞書形・不定詞	+ad+o
lerni 学ぶ	lernado 学習
frapi たたく	frapado 連打

"an" は名詞性語根について「一員」をあらわす単語を作ります。またこの接尾辞自体も名詞性が強いです。

名詞	+an+o
grupo グループ	grupano メンバー
familio 家庭	familiano 家族

"aĉ" は名詞性語根や動詞性語根について「劣悪」をあらわす単語を作る形容詞性の接尾辞です。

79

名詞・動詞	+aĉ+o; +aĉ+i
knabo　少年	knabaĉo　悪ガキ
paroli　しゃべる	parolaĉi　だべる／くっちゃべる

　"ad", "an", "aĉ" のついたこれらの単語も、対応する概念があれば、ほかの品詞に変えて用いることができます。次の例では、使う場面が想定しづらい単語を「？」で示します。

lernado 学習	lernadi 学び続ける	lernada 学習の	lernade ？
frapado 連打	frapadi 連打する	frapada 連打の	frapade 連打で
knabaĉo 悪ガキ	knabaĉi ？	knabaĉa 悪ガキの	knabaĉe 悪ガキ風に

　ほかにも次のような接尾辞があります。

【名詞性接尾辞】
・aĵ［事物］　　　　　　　　manĝi/manĝaĵo　食べる/食品
・ar［集団, 集まり］　　　　homo/homaro　人間/人類
・ec［性質］　　　　　　　amiko/amikeco　友人/友情
・ej［場所］　　　　　　　lerni/lernejo　学ぶ/学校
・er［物質のつぶ］　　　　rizo/rizero　米/米つぶ
・id［子ども, 子孫］　　　koko/kokido　にわとり/ひよこ
・il［道具］　　　　　　　skribi/skribilo　書く/筆記具
・in［女性］　　　　　　　patro/patrino　父/母
・ing［挿入物を受ける物］　glavo/glavingo　刀/さや

80

3. 語彙の拡張

・ism［主義, 学説］

kapitalo/kapitalismo　資本/資本主義

・ist［主義者, 専業従事者］

anarkio/anarkiisto　無支配/無政府主義者

instrui/instruisto　教える/教師

・uj［入れ物, 国名*8, 木］　mono/monujo　お金/さいふ

japano/Japanujo　日本人/日本

pomo/pomujo　りんご/りんごの木

・ul［その性質の人］　　　　juna/junulo　若い/若者

【形容詞性接尾辞】

・ebl［～されうる］　　porti/portebla　運ぶ/携帯用の

・em［傾向, 性向］　　labori/laborema　働く/勤勉な

・end［～されるべき］　lerni/lernenda　学ぶ/学ぶべき

・ind［～する価値のある］

lerni/lerninda　学ふ/学ぶ価値のある

【数詞につく接尾辞】

・obl［倍数］　　　　　　　du/duobla　2/2倍の

・on［分数］　　　　　　　du/duone　2/半分に

・op［集まり, 群数］　　　　tri/triopo　3/トリオ

【動詞化する接尾辞】他動詞化と自動詞化については、
3-2-2（p.69）を参照してください。

・ig［～にする］　　flava/flavigi　黄色い/黄ばませる

acida/acidigi　酸っぱい/酸っぱくする

---

8 国名には -i- も用いられています。japano/Japanio（日本人/日本）, ĉino/
Ĉinio（中国人/中国）, ruso/Rusio（ロシア人/ロシア）…。また、-uj- や -
i- がつかない国名もあります。Usono（アメリカ合衆国）, Pollando（ポ
ーランド）, Brazilo（ブラジル）…（→2-2-9/p.54）

81

・iĝ［〜になる］　　　amiko/amikiĝi 友人/友だちになる
　　　　　　　　　　　evidenta/evidentiĝi 明らかな/明白になる

【程度をあらわす接尾辞】
・eg［著しい］　　　　granda/grandega　大きい/巨大な
・et［弱い, 小さい］　　monto/monteto　山/丘

【愛称の接尾辞】語呂をよくするために、語根の途中に
　つけることがあります。
・ĉj［男性］　　　　　Joŝio/Joĉjo　ヨシオ/よっちゃん
・nj［女性］　　　　　Secuko/Senjo　セツコ/せっちゃん

【融通接尾辞】接続する語根と何らかの関係があるもの
　　の、特定の意味を持たない接尾辞です。現在では、
　　ほぼ用例が定まっています。
・um　　　　　　　　okulo/okulumi　目/目配せする
　　　　　　　　　　　cerbo/cerbumi　脳/思案する
　　　　　　　　　　　butiko/butikumi　店/買い物する

※　　※　　※

　これらの接尾辞も、エスペラントの専売特許ではあり
ません。似たような仕組みが日本語にもあります。次の
ような漢語由来の接尾辞には、すぐに気がつきます。

・〜化　　　可視/可視化、機械/機械化、近代/近代化
・〜性　　　人間/人間性、偶然/偶然性、品詞/品詞性
・〜式　　　縄文/縄文式、日本/日本式、電動/電動式
・〜的　　　平均/平均的、人間/人間的、革命/革命的
・〜用　　　婦人/婦人用、紳士/紳士用、作業/作業用

3. 語彙の拡張

　次のような接尾辞もあります。

【形容詞化】*9
・〜らしい　　　　　　学生/学生らしい、男/男らしい
・〜がちな　　　　　　病気/病気がちな、遠慮/遠慮がちな
・〜っぽい　　　　　　子ども/子どもっぽい、怒る/怒りっぽい
・〜くさい　　　　　　古い/古くさい、照れる/照れくさい
・〜やすい　　　　　　壊れる/壊れやすい、持つ/持ちやすい
・〜にくい　　　　　　書く/書きにくい、読む/読みにくい
・〜がたい　　　　　　忘れる/忘れがたい、去る/去りがたい
・〜そうな　　　　　降る/降りそうな、生まれる/生まれそうな

【動詞化】
・〜めく　　　　　　　春/春めく、なぞ/なぞめく
・〜めかす　　　　　　冗談/冗談めかす、秘密/秘密めかす
・〜ぶる　　　　　　　利口/利口ぶる、学者/学者ぶる
・〜ばる　　　　　　　格式/格式ばる、角/角ばる
・〜じみる　　　　　　年寄り/年寄りじみる、油/油じみる
・〜がる　　　　　　　うれしい/うれしがる、寒い/寒がる

【名詞化】
・〜さ　　　　　　　　美しい/美しさ、清らかな/清らかさ
・〜み　　　　　赤い/赤み、深い/深み、暖かい/暖かみ、
・〜げ　　　　　　　　惜しい/惜しげ、うれしい/うれしげ

　品詞を変えずに、もとの単語の意味を強調する接尾辞
もあります。

---

9 形容詞から副詞へは簡単に変換できます。ほこりっぽい〜 → ほこりっ
ぽく、子どもっぽい〜 → 子どもっぽく、日本人らしい〜 → 日本人ら
しく。

【名詞】

・〜まみれ　　　　　　　泥/泥まみれ、血/血まみれ
・〜だらけ　　　　　　　傷/傷だらけ、間違い/間違いだらけ

【形容詞】

・〜そうな　　　　　　　元気な/元気そうな、悲しい/悲しそうな
・〜っぽい　　　　　　　荒い/荒っぽい、黒い/黒っぽい

【動詞】

・〜こける　　　　　　　眠る/眠りこける、笑う/笑いこける
・〜こむ　　　　　　　　転がる/転がりこむ、考える/考えこむ
・〜まくる　　　　　　　食べる/食べまくる、遊ぶ/遊びまくる
・〜たがる　　　　　　　食べる/食べたがる、遊ぶ/遊びたがる

　動詞につく次の接尾辞は、学校文法では「助動詞」といわれています。

・〜(さ)せる［使役］　　　行く/行かせる、見る/見させる
・〜れる、られる
　　　［受け身］　　　　怒る/怒られる、なぐる/なぐられる
　　　［可能］　　　　　食べる/食べられる*10、作る/作れる
　　　［自発］　　　　　案じる/案じられる、しのぶ/しのばれる
　　　［尊敬］　　　　　（教授が）出席する/出席される

10　最近では、「食べれる」「見れる」「起きれる」などの「ら抜きことば」も広く使われるようになってきました。
　エスペラントでは、能動の可能と受動の可能を区別します。
・私はキノコが<u>食べられる</u>。　（能動）Mi *povas manĝi* fungon.
・このキノコは<u>食べられる</u>。　（受動）Tiu ĉi fungo *estas manĝebla*.

3. 語彙の拡張

3-4　接頭辞

　接頭辞は、単語の左につけて意味を変えたり強調する語要素です。日本語でも次のような接頭辞が用いられています。

【強調】

・ど～	ど根性、ど真ん中、どぎつい、どけち
・まっ～	まっ白な、まっ黒な、まっさらな
・うち～	うち沈む、うち壊す、うち破る
・ぶち～	ぶち壊す、ぶちやぶる
・とり～	とり壊す、とり潰す、とり逃がす
・か～	か弱い、か細い
・真（ま）～	真冬、真人間、真水
・素（す）～	素早い、素顔、素足、素うどん
・大（だい）～	大展開、大事件、大爆発
・初（はつ）	初雪、初霜、初時雨、初滑り

【程度】

・こ～	こうるさい、こぎれいな、こぎたない
・うす～	うす暗い、うす汚い、うすばか

【ていねい】

・お～	お名前、おことば、お出かけ、お葬式
・ご～	ご心配、ご不幸、ご様子、ご理解、ご不便

【否定】

・無（む）	無理解、無表情、無意味、無感動
・不（ふ）	不平等、不人気、不景気、不手際
・非（ひ）	非現実、非公式、非科学的、非常勤

・未（み）　　　　　　　未青年、未完成、未処理、未分化

　これらをみると「うち壊す」「ぶちやぶる」など、動詞につくものや、「まっ赤な」「か弱い」のように形容詞につくもの、そして「初雪」のように、名詞につくものがあることがわかります。

※　※　※

エスペラントには次のような接頭辞があります。

【名詞性語根につく接頭辞】

・bo　　［婚姻による関係］　　　patro/bopatro　父/義父
・ĉef　　［首, 長］　　　　　urbo/ĉefurbo　都市/首都
・eks　　［前, 元］　　　　　edzo/eksedzo　夫/前夫
・ge　　［男女両方］　　　　patro/gepatroj　父/両親
・pra　　［時間的に遠い］　　homo/prahomo　人間/原人
・vic　　［副］　　　ministro/vicministro　大臣/副大臣

【動詞性語根につく接頭辞】

・dis　　［分散］　　　　　doni/disdoni　与える/くばる
・ek　　［開始］*11　　　　iri/ekiri　行く/出発する
・mis　　［誤］　　　　　uzi/misuzi　使う/誤用する
・re　　［再, 返］　　　　vidi/revidi　会う/再会する

【語根の品詞性を問わない接頭辞】

・mal　　［正反対］　　　　ami/malami　愛する/憎む
　　　　　　　　　　dekstra/maldekstra　右の/左の
　　　　　　　　　　ĝojo/malĝojo　喜び/悲しみ

---

11 線動詞を点動詞にする働きについては 3-2-3（p.74）を参照。

3. 語彙の拡張

これらばかりではなく、前置詞も接頭辞のように用いることができます。例をあげます。

en 〜の中	porti 運ぶ	enporti 持ち込む
tra 〜を通って	pasi 過ぎる	trapasi 通り過ぎる
trans 〜を超えて	doni 渡す	transdoni 引き渡す
sur 〜の上	meti 置く	surmeti 身にまとう

日本語の接尾辞や接頭辞は、それ自体を単語として使うことができませんが、エスペラントの接尾辞と接頭辞は、品詞語尾をつければ単語として使えます。

- ・aĵo　もの
- ・aĉa　粗悪な
- ・ulo　人/やつ
- ・vica　副の
- ・eco　性質
- ・ebla　可能な
- ・ĉefo　ボス
- ・male　反対に
- ・ejo　場所
- ・ope　集まって
- ・eksa　前の
- ・ree　ふたたび

これらの単語を用いれば、次の例文のように、少ない語彙でも自分の思いを表現することができます。

- ・La eco de mia eksa ĉefo estis tre aĉa.

　　　　　　私の以前のボスの性質は、とてもひどかった。
- ・La ulo ree venis al la ejo.

　　　　　　　　その人は、その場所にまた来た。

「動詞＋接尾辞」でできた概念の広い単語を使って、わずかな語彙で表現することもできます。

87

"skribilo" と "manĝaĵo" の例をあげます。

skribilo (skrib-il-o) 筆記具
plumo ペン、krajono 鉛筆、peniko 筆、globkrajono ボールペン、feltoplumo サインペン、feltopeniko 筆ペン、fontoplumo 万年筆、kreto チョーク…

manĝaĵo (manĝ-aĵ-o) 食べ物
rizo ご飯、pano パン、legomo 野菜、frukto 果物、fiŝo 魚、viando 肉、supo スープ、fromaĝo チーズ, sandviĉo サンドイッチ、hamburgero ハンバーガー…

3-5　語根の組み合わせ

品詞語尾を添えて使う単語で、ここまでに出てきたものの構造は、おもに次の三つです。［　］でくくった部分を「語幹」といいます。

(1) ［語根］＋品詞語尾
(2) ［語根＋接尾辞］＋品詞語尾
(3) ［接頭辞＋語根］＋品詞語尾

品詞語尾を添えれば単語として用いることができるので、接尾辞や接頭辞も語根といえます。"i, o, a, e" など品詞語尾すら語根だということもできます。次の合成語では、語根の間に挟まれた品詞語尾 "a" と "i" が大切な働きをしています。

・trietaĝa　　　三階建ての　　　　　　tri-etaĝ-a
・triaetaĝa　　　三階の (３番目の階の)　tri-a-etaĝ-a

88

3. 語彙の拡張

・daŭripova　持続 (することが) 可能な　daŭr-i-pov-a

　エスペラントでは、接頭辞や接尾辞を含めて、語根を複数個組み合わせて新しい単語を作ることができます。

［語根＋語根＋…＋語根］＋品詞語尾　→　単語

　複数の語根からなる単語の例をいくつかあげます。

【名詞】

・natursciencisto　　自然科学者 [natur-scienc-ist]＋o
　　　　　　　　　　　　［自然＋科学＋従事者］＋名詞語尾

・lernejestro　　　　校長　　　　　　[lern-ej-estr]＋o
　　　　　　　　　　　　［学ぶ＋場所＋長］＋名詞語尾

・angulmezurilo　　　分度器　　　[angul-mezur-il]＋o
　　　　　　　　　　　　［角度＋測る＋道具］＋名詞語尾

・montgrimpado　　　登山　　　[mont-grimp-ad]＋o
　　　　　　　　　　　　［山＋登る＋動作］＋名詞語尾

・akvovarmigilo　　　温水器　[akv-o*[12]-varm-ig-il]＋o
　　　　　　　　　　　　［水＋熱い＋する＋道具］＋名詞語尾

【形容詞】

・naskiĝloka　　　　生誕地の　　　　　[nask-iĝ-lok]＋a
　　　　　　　　　　　　［産む＋自動詞化＋場所］＋形容詞語尾

・ŝanceliĝema　　　　動揺しやすい、優柔不断の
　　　　　　　　　　　　　　　　　　[ŝancel-iĝ-em]＋a
　　　　　　　　　　　　［揺らす＋自動詞化＋傾向］＋形容詞語尾

・neklarigebla　　　　説明できない [ne-klar-ig-ebl]＋a
　　　　　　　　　　　　［否定＋明かな＋他動詞化＋可能］＋形容詞語尾

---

[12] 発音しやすくなるように、語根の間に品詞語尾 "o" を残すこともあります。

・kungluiĝema 粘着性の [kun-glu-iĝ-em]＋a
［ともに＋つく＋自動詞化＋性向］＋形容詞語尾

【動詞】
・eksedziniĝi (女性が) 離婚する [eks-edz-in-iĝ]＋i
［前＋夫＋女性＋自動詞化］＋動詞語尾
・duobligi 二倍にする [du-obl-ig]＋i
［２＋倍＋他動詞化］＋動詞語尾
・senkuraĝiĝi 落胆する [sen-kuraĝ-iĝ]＋i
［〜なし＋勇気＋自動詞化］＋動詞語尾
・deflankiĝi それる [de-flank-iĝ]＋i
［〜から＋側面＋自動詞化］＋動詞語尾

※　※　※

　これらの長い合成語は、複数の単語で言い換えられます。このことは、合成語の中に「構造」があることを示しています。名詞の例をあげます。

・natursciencisto　　＝ sciencisto pri naturo
自然科学者＝自然についての科学者
・lernejestro　　＝ estro de lernejo
校長＝学校の長
・angulmezurilo　　＝ mezurilo de angulo
分度器＝角を測る道具
・montgrimpado　　＝ grimpado sur monto
登山＝山に登ること
・akvovarmigilo　　＝ varmigilo por akvo
温水器＝水を温める道具

※　※　※

造語力の点では日本語もひけをとりません。特に、表

3. 語彙の拡張

意文字である漢字は、単独ではなく、組み合わせて用い
てこそ力を発揮する文字だともいえます。

・飛+行　→　飛行　＋機　→　飛行機
・自+動　→　自動　＋車　→　自動車
・操+縦　→　操縦　＋士　→　操縦士
・運+転　→　運転　＋手　→　運転手

　漢字二文字の熟語には次のような構造があります。

(1) 意味の似たものを重ねる
　　　絵画、皮革、降下、温暖、安易、暗黒、回転…
(2) 意味が対になる組み合わせ
　　　公私、貸借、開閉、明暗、前後、貧富、老若、善悪…
(3) 一番めの文字が次の文字を修飾するもの
　　　暗室 (暗い室)、黒板 (黒い板)、弱点 (弱い点)、難所 (難し
　　　い場所)、直線 (直な線)…
(4) 二番め文字が一番めの文字の目的語となるもの
　　　納税 (税を納める)、投球 (球を投げる)、防火 (火を防ぐ)、開
　　　会 (会を開く)、失業 (業を失う)、読書 (書を読む)、犯罪 (罪を
　　　犯す)、決意 (意を決する)、造船 (船を造る)…
(5) 二番めの文字が一番めの文字の働きかける所を示す
　　　着陸 (陸に着く)、就職 (職に就く)、入院 (病院に入る)、乗車
　　　(車に乗る)、着席 (席に着く)…

　次のように、たくさんの漢字を組み合わせた合成語も
あります。これらには[ ]と( )で示した構造があります。

(a) 新製品開発　　　　　　　　　　　　[新(製品)] (開発)
(b) 地球温暖化対策　　　　　　　　[(地球)(温暖化)] (対策)
(c) 戦争捕虜損害補償法　　　[(戦争)(捕虜)] [(損害)(補償)] (法)

91

(d) 麻薬撲滅中央委員会 　　　[(麻薬)(撲滅)] [(中央)(委員会)]

　表意文字の組み合わせなので、新しくできた合成語であっても、内部構造や意味がわかりやすいです。

　上にあげた(a)から(d)までの例は、次のような長い表現にすることもできます。

(a) 新しい製品を開発すること
(b) 地球が温暖化することに対する対策
(c) 戦争で捕虜となって発生した損害を補償する法律
(d) 麻薬を撲滅するために中央に設置した委員会

　表意文字の偉力をまざまざと見せつける、もっと長い合成語もあります。

・訪日外国人旅行者受入環境設備緊急対策事業費補助金

　次のような合成語には、発案者の(悪)知恵を感じます。

・違憲状態（違憲と合憲のあいだのグレーゾーン）
・冷温停止状態（原子炉で、冷温停止とまではいい切れないがそれに近い状態）
・公害（私企業がもたらす害であるにもかかわらず、責任の所在をアイマイにしている）

漢字を組み合わせて熟語を作る技が、英単語を使った次のような「英語風合成語」でも使われています。

　マイカー、マイナンバー、オーブントースター、シンボルマーク、ベッドタウン、グループサウンズ、マイナスシーリング、ルームクーラー、テレビゲーム…

3. 語彙の拡張

次のような漢洋折衷の合成語もあります。

シャンソン歌手、花形スター、金メダリスト、スーパーグロ
ーバル大学…

※　※　※

次のような合成動詞も、日本語の表現を豊かにしてい
ます。

・〜あげる	持ちあげる、取りあげる
・〜あつめる	拾い集める、寄せ集める
・〜おとす	はたき落とす、泣き落とす
・〜たおす	張り倒す、拝み倒す、値切り倒す
・〜ちる	砕け散る、飛び散る
・〜なおす	言いなおす、結びなおす、やりなおす
・〜のぼる	よじのぼる、駆けのぼる
・〜まわる	飛びまわる、走りまわる、歩きまわる
・〜もどす	連れもどす、呼びもどす
・〜わすれる	書き忘れる、閉め忘れる、言い忘れる

話し手と聞き手の立場に応じて使い分ける次のような
合成動詞もあります。これらを「やりもらい動詞」とい
います。

・〜(て)やる	書いてやる、読んでやる
・〜(て)あげる	書いてあげる、読んであげる
・〜(て)もらう	書いてもらう、読んでもらう
・〜(て)くれる	書いてくれる、読んでくれる

合成要素を重ねることで、もっと複雑な（あるいは回り
くどい）表現もできます。

93

食べさせてもらってやる／食べさせてやってほしい／思い
出してみてもらう／使わせていただいている／見にきてもらいたい／やっておいてみてもらいたい…

日本語の合成語には、次の例のように、意味が慣用によって決まっているものもあります。

- ウサギ狩り .... ウサギを狩る
  タカ狩り .... タカで狩る
- 湯飲み .... 湯を飲む道具
  酒飲み .... 酒を飲む人
- 婦人用手袋 .... 婦人が使う手袋
  昆虫用ピン .... 昆虫を留めるピン

エスペラントにも、慣用によって意味が決まった次のような単語があります。

- eldonejo　　el-don-ej-o　　出版社　　［(中から)出す場所］
- vortaro　　vort-ar-o　　　辞書　　　［単語の集まり］
- necesejo　　neces-ej-o　　トイレ　　［必要な場所］
- patrujo　　patr-uj-o　　　祖国　　　［父親入れ/父親国］

　　　　　　　　　　※　　※　　※

日本語の合成動詞では、それぞれの単語の語尾が変化して接続します。

- 持つ＋あげる　　　　持<u>ち</u>あげる
- はたく＋落とす　　　はた<u>き</u>落とす
- 走る＋まわる　　　　走<u>り</u>まわる

エスペラントの合成語では、組み合わせる語根自体が変化しないので、構成要素がわかりやすいです。

3. 語彙の拡張

- natur - scienc - ist - o　natursciencisto　自然科学者
- nask - iĝ - lok - a　　　naskiĝloka　　　　生誕地の
- eks - edz - in - iĝ - i　eksedziniĝi　(女性が)離婚する

　長い合成語は、必要に応じて "natur-sciencisto", "naskiĝ-loka", "eks-edziniĝi" のようにハイフンを使って主要な切れめ示すと、意味がもっとわかりやすくなります。

3-6　借用

　学術用語や薬品、物質の名前などには、学名のつづりをエスペラント式にし、名詞語尾つけて用いることができます。これを「借用」といいます。

- penicilino　　　ペニシリン　　　(penicillin)
- radiumo　　　　ラジウム　　　　(radium)
- uranio　　　　　ウラン　　　　　(uranium)
- plutonio　　　　プルトニウム　　(plutonium)

　頭文字をとってできた次のような単語も、とり入れられています。 [13]

- aidoso　　　　　エイズ　　　　　(AIDS)
- lasero　　　　　レーザー　　　　(LASER)

　エスペラントに新しい単語を導入する場合は、安易に借用せず、すでにある語根を組み合わせたものにするほうがよいとされています。やみくもに語彙を増やし、学

---

[13] AIDS: Acquired Immune Deficiency Syndrome　LASER: Light Amplification by Stimulated Emission of Radiation。

びやすさを損なうのを避けるためです。また、ほとんどの場合、必要な単語は語根の組み合わせで作り出せます。

　しかし「エイズ」や「レーザー」のように国際的に使われている単語は、借用して導入したほうがわかりやすい場合もあります。次の例はどうでしょうか。

・hospitalo / malsanulejo　　　　　　　　病院
　　　　　(mal-san-ul-ej-o：病気の人がいるところ)
・hotelo / gastloĝejo　　　　　　　　　　宿屋
　　　　　(gast-loĝ-ej-o：客が住むところ)

　"hospitalo", "hotelo" のほうが、短く、わかりやすくはないでしょうか。借用するか合成するかは、わかりやすさによって決まります。

　　　　　　　※　　※　　※

　日本特有のものや風習などの単語も、エスペラント化して導入することができますが、脚注などで説明を加える必要があります。

(1) tatamo　　たたみ（イネの茎で編まれたゆか）
(2) ŝojio　　　障子（木と紙でできたとびら）
(3) sumoo　　すもう（日本の格闘技）
(4) nattoo　　納豆（発酵した大豆から作った食べもの）
(5) kimono　　着物（日本の民族衣装）

　例えば、次のように説明できます。

(1) tatamo: japana planko plektita de riz-kulmoj
(2) ŝojio: japana pordo farita el ligno-kadro kun pa-

pero

(3) sumoo: japana tradicia lukto

(4) nattoo: japana manĝaĵo farita el fermentinta soj-fabo

(5) kimono: japana tradicia vesto

※　※　※

カタカナがあるおかげで、日本語も借用力の高いことばです。たとえば次のような単語は、カタカナ語のほうが在来の単語よりもよく使われます。

- レストラン　（食堂／料理店）
- スプーン　　（匙／さじ）
- ホテル　　　（旅館）
- テーブル　　（食卓）
- ボール　　　（鞠／まり）
- ボウル　　　（鉢／はち）

次のような借用語は、カタカナで書くことが多いものの、すでにすっかり根をおろし、日本語の単語と区別がつきません。

- カステラ　　　（castela／ポルトガル語）
- 天ぷら　　　　（tempero／ポルトガル語）
- ミシン　　　　（machine／英語）
- プリン　　　　（pudding／英語）
- タバコ　　　　（tabaco／スペイン語／ポルトガル語）
- カボチャ　　　（camboja／ポルトガル語）
- ズボン　　　　（jupon／フランス語）

とはいえ、外国語から借用して安易にカタカナ語を導入するのは、エスペラントの場合と同じように日本語の場合も考えものです。次の例では、カタカナ語よりも漢

熟語のほうがわかりやすくはないでしょうか。

・コンプライアンス ...... 法令遵守
・トレーサビリティ ...... 追跡履歴・追跡可能性
・ダイバーシティー .... 多様性
・アジェンダ .... 行動計画
・マニフェスト .... 公約文書
・サステナブル .... 持続可能な

　外国語からの借用が好まれるのは、必ずしも対応する漢熟語が作れないという理由ばかりではなく、そのほうがカッコイイというような理由や、使い古されたことばを避けたいという理由もありそうです。

　学問の名前も、漢熟語なら、なにを対象とするかがわかりやすいです。

・人類学　アントロポロギー　（Anthropologie／独語）
・物理学　フィジック　　　　（physics／英語）
・心理学　サイコロジー　　　（psychology／英語）
・化学　　ケミストリー　　　（chemistry／英語）
・哲学　　フィロソフィー　　（Philosophie／独語）

　借用というなら、そもそも表意文字である漢字自体が、中国語からの借用だったともいえます。

　この表意文字が、明治維新当時、西洋からくる新しい概念や単語の翻訳に役だちました。

・自由　　　　フリーダム　　　　（freedom）
・権利　　　　ライト　　　　　　（right）
・民主主義　　デモクラシー　　　（democracy）

3. 語彙の拡張

・社会	ソサエティー	(society)
・憲法	コンスティテューション	(Constitution)
・電話	テレフォン	(telephone)

　漢訳された次のようなスポーツ名のうち、次のようなものは今でも使われています。

・庭球	テニス	(tennis)
・卓球	テーブルテニス	(table tennis)
・野球	ベースボール	(baseball)
・水球	ウォーターポロ	(water polo)

※　※　※

　日本語と同じように、エスペラントの場合も、合成語であれ借用語であれ、だれでも新しい単語を導入することができます。多くの人がその単語を使うようになれば定着し、さもなければ消えてゆきます。どのことばでも、文明や学問の発展につれて語彙はどんどん増えてゆくことでしょう。エスペラントの場合も同じです。

※　※　※

　どのことばにも、業界用語、仲間ことば、俗語などとよばれる、特定のグループでのみ使われる語群があります。エスペラント話者の間でも、次のような特有の単語があります。

・krokodili　　エスペラントで話すべき場面で母語を使
　　　　　　　うという意味の動詞（krokodiloの元々の意
　　　　　　　味は「クロコダイル／アフリカのワニ」）
・kabei　　　　活発に活動したのち、突然エスペラント

99

界から身を引くという意味の動詞（Kabe
という筆名で活躍し、のちにエスペラント界か
ら消えた人物にちなんだ単語）

　接頭辞や接尾辞、前置詞などの機能語に品詞語尾をつ
けて用いる単語も、エスペラントならではのものといえ
ます。

　1887年に発表された当時のエスペラントの公式語彙は
千に満たないものでした。2005年に発行された "Nova
Plena Ilustrita Vortaro de Esperanto"「エスペラント絵
入り大辞典」の見出し語数は16,780、合成語を含めた総
語数は46,890です。またこのほかに、さまざまな分野の
専門用語辞典が編纂されています。もはやすべての単語
を覚えているエスペラント話者は、ひとりもいないでし
ょう。日本語の場合と同じように、話者がそれぞれ限ら
れた一部を知り、その一部の集合が語彙の全体であるよ
うになってこそ「生きている」ことばといえます。

　語彙が増えることで、習得が難しくなるのではないか
と感じる方があるかも知れません。しかし、ことばを身
につけるというのは、存在する単語を全て覚えることで
はありません。まずは、多少幼稚ではあってもエスペラ
ントだけで自分の考えを伝えることができるようになれ
ば良いのです。エスペラントの造語力を駆使すれば、そ
のために知るべき語根の数は、おそらく300から400に
過ぎないでしょう。*14

---

14 ベーシックイングリッシュという語彙を850語程度に制限した英語があ

4. 文

　ここまでは、単語の観点からエスペラントを概観しました。『これから私たちは、文の観点からエスペラントを概観しましょう。』

　上の文の『　』で囲まれた部分をエスペラントで書くと次の文になります。

"De nun ni trarigardu Esperanton el vidpunkto de frazoj."

　ローマ字を使うほかのことばと同じように、単語と単語を分かち書きし、文の書き出し一文字めを大文字にします。固有名詞の一文字めも大文字にします。ピリオド(.)やコンマ(,)、セミコロン(;)、コロン(:)、引用符("")、疑問符(?)、感嘆符(!)などの記号も使います。

　『　』の日本文を文節で区切ってみましょう。文節は、文を実際のことばとして不自然にならない程度に区切ったとき得られる、最小のひとまとまりのものです。文の中に「ネ」を挟むと、文節の切れ目が見つかります。

ります。イギリスの言語学者、チャールズ・ケイ・オグデン（C.K. Ogden：1889-1957）が考案した簡略英語で、1929年に発表されました。個々の単語、特に機能語の意味と働きを熟知すれば、一般的な事柄ならほとんどのことが表現できます。基本的な単語を活用してものごとを言いあらわすという試みは、ことばの教授方法や学習方法を考える上でたいへん参考になります。オグデンによれば、通常の英語の学習は7年、エスペラントは7ヶ月、ベーシックイングリッシュは7週間で習得できるとのことです。しかし、機能語の語義がエスペラントのものよりもあいまいな点や、エスペラントの造語力の高さを考えれば、習得しやすさは、明らかにエスペラントの方が上です。

これからネ／私たちはネ／文のネ／観点からネ／エスペラントをネ／概観しましょう。

エスペラント文 "De nun ni… " を、これらの文節と同じように区切ってみましょう。

De nun / ni / trarigardu / Esperanton /
el vidpunkto / de frazoj.

日本語とエスペラントでは配列が違います。次のように対応します。

(1) これから .... De nun
(2) 私たちは .... ni
(3) 文の .... de frazoj
(4) 観点から .... el vidpunkto
(5) エスペラントを .... Esperanton
(6) 概観しましょう .... trarigardu

(6)の「概観しましょう」を除いて、日本語の文節は「単語＋助詞」の形をしています。対応するエスペラントの表現では (1) De nun (3) de frazoj (4) el vidpunkto など「前置詞＋単語」の形ものと、(2) ni (5) Esperanton (6) trarigardu など単語一つのものがあります。

(2) (6) (5) の順に単語を並べると次の文になります。

・Ni trarigardu Esperanton.

　　　　　私たちはエスペラントを概観しましょう。

"ni"（私たち）は、この単語自体が日本語の助詞「は／が」の意味を含んでいます。Esperanton（エスペラント

4. 文

を）の 語尾 "n" が、日本語の助詞「を」にあたります。

4-1 主格と対格

エスペラントでは、単語の語尾に "n" がついたものを「対格」といいます。また、この "n" を「対格語尾」といいます。"n" のついていないものを「主格」といいます。それぞれ次の働きがあります。

・主格 (a) 文の主語や補語になる
　　　 (b) 前置詞と組んで句を作る （→2-2-5/p.46)
・対格 ..... 文の目的語になる

なお、主語とは「Aは(が)Bである」や「Aは(が)Cを～する」という文のAにあたります。補語はB、目的語はCにあたります。目的語は、動詞の動作や作用が及ぶ対象です。

主格	対格 (+n)
Esperanto 　　エスペラント(は/が)	Esperanton 　　　　エスペラントを
amo　　愛(は/が)	amon　　愛を
fiŝo　　魚(は/が)	fiŝon　　魚を
infanoj 子供たち(は/が)	infanojn 子どもたちを

・kapti *fiŝon*　　　　　　魚を捕まえる
・surprizi *infanojn*　　　子どもたちを驚かす

目的語を修飾する形容詞にも対格語尾をつけます。

・kapti *grandan fiŝon*　　大きな魚を捕まえる

103

・surprizi *etajn infanojn*　　幼い子どもたちを驚かす

　人称代名詞（→2-2-1/p.34）も、そのままの形が主格で、"n"を添えれば対格になります。

主格		+n 対格	
mi	私(は/が)	min	私を
ni	私たち(は/が)	nin	私たちを
vi	あなた(は/が) あなたがた(は/が)	vin	あなたを あなたがたを
li	彼(は/が)	lin	彼を
ŝi	彼女(は/が)	ŝin	彼女を
ĝi	それ(は/が)	ĝin	それを
ili	彼ら(は/が)	ilin	彼らを

　さて、次の単語の羅列を見てください。

> 猟師　部屋　からだ　手　バター　塗りつけた

助詞の「が」と「を」を補ってみましょう。

> 猟師が部屋　からだ　手　バターを塗りつけた

およその意味が推測できると思います。さらに助詞の「で、に」を補うと、文の意味がはっきりします。

> 猟師が部屋でからだに手でバターを塗りつけた。

　文中での単語または単語群の役割を「格」といいます。日本語の格は「助詞」が決めます。教授用日本語文法では、エスペラントの主格に相当するものを「ガ

104

格」、対格に相当するものを「ヲ格」といいます。助詞「で、に」を用いる格には、それぞれ「デ格」「ニ格」という名前がついています。

ガ格 主語	デ格 場所	ニ格 対象	デ格 手段	ヲ格 目的語
猟師が	部屋で	からだに	手で	バターを

　格を決める日本語の助詞は、ここまでに示したもののほかに「の、から、と、へ、まで、より」があります。

4-2　基本動詞型

　前の節であげた例文：

・猟師が部屋で自分のからだにバターを塗りつけた。

　では、「部屋で」と「手で」という文節は、必ずしも必要ではありません。「塗りつけた」が要求するのは、「だれが」「なにを」「どこに」という情報なので、次のように言うだけで必要最小限の意味は伝わります。

・猟師がからだにバターを塗りつけた。

　必要最小限の格だけを残した文には、基本的な「型」があります。

　日本語の文は、述語の名詞、形容詞、動詞に注目して次の3種類に分けることができます。

(J-1) 名詞文（述語が名詞）

［主語は＋名詞＋だ］　　　　　人間は動物だ。

(J-2) 形容詞文（述語が形容詞）

[主語は＋イ形容詞]　　　　　人間は賢い。

[主語は＋ナ形容詞だ]　　　　人間は愚かだ。

[主語は＋ニ格＋イ形容詞]　　きみは子どもにあまい。

[主語は＋ニ格＋ナ形容詞だ]

　　　　　　　　　　　この服は私にぴったりだ。

　この型の文では、述語の形容詞が、主語や「ニ格」を
要求しています。たとえば「ぴったりな」というナ形容
詞を用いて文を作るなら「なにが」「だれに」という情
報が必要です。

(J-3) 動詞文（述語が動詞）

[主語は＋動詞]　　　　　　　人間は動く。

[主語は＋ヲ格＋動詞]　　　　人間はものを食べる。

[主語は＋ニ格＋動詞]　　　　私はその法案に反対した。

[主語は＋ト格＋動詞]　　　　犬はネコとケンカする。

[主語が＋カラ格＋動詞]　　　鳥が巣から飛び立った。

[主語は＋ニ格＋ヲ格＋動詞]

　　　　　　　　　　　彼らは私に職人を紹介する。

[主語は＋カラ格＋ヲ格＋動詞]

　　　　　　　　彼はポケットからカネを取り出した。

　この型の文では、述語の動詞が、主語やヲ格、ニ格、
ト格、カラ格を要求します。

　たとえば「食べる」という動詞で文を作る場合「だれ
が」「なにを」という情報が欠かせません。「紹介す
る」という動詞なら「だれが」「だれに」「なにを」と

4. 文

いう情報が必要です。

ここまでの日本文の例では、主語を「〜は」という助詞で示したものもありますが、この助詞がいつも主語を示すとは限りません。「は」は文の「主題」(テーマ) を示します。「が」は常に主語を示します。

(1) おばあさんは川で洗濯をしている。

(テーマと主語が一致：おばあさん)

(2) 洗濯はおばあさんが川でしている。

(テーマ：洗濯　　主語：おばあさん)

(3) 川ではおばあさんが洗濯をしている。

(テーマ：川で　　主語：おばあさん)

※　※　※

エスペラントの文にはつぎの七つの型があります。[1]

(E-1)［主語＋動詞＋補語］

Homo estas animalo.　　　　　人間は動物だ。

Homo estas kruela.　　　　　人間は残酷だ。

この型の文は日本語の名詞文(J-1)と形容詞文(J-2)に相当します。

日本語の動詞文 (J-3) に相当するのは、次の (E-2) から (E-7) までの文です。エスペラントでは、文の中心的な役割を動詞が担っています。そこで、(E-1) を含めて、これらの型を「動詞型」といいます。

---

[1] 次に示す七つの型のほかに、Fajro! (火事だ) Stultulo! (バカ野郎) Varmege! (暑い) Damne! (ちくしょう) Fek! (くそ) Terure! (すげえ) など、ののしりや驚きをあらわす一語の表現も文といえます。

107

(E-2) ［主語＋動詞］

Homo vivas. 人間は生きている。

(E-3) ［主語＋動詞＋目的語］

Homo manĝas viandon. 人間は肉を食べる。

(E-4) ［主語＋動詞＋目的語＋補語］*2

Mi trovis lin ebria.

私は彼が酔っているのがわかった。

(E-5) ［主語＋動詞＋間接目的語］

Mi interesiĝas pri historio.

私は歴史に興味がある。

(E-6) ［主語＋動詞＋目的語＋間接目的語］

Mi informis lin pri la kunsido.

私は彼にあの会議について知らせた。

　(E-5) の "pri historio" と、(E-6) の "pri la kunsido" を「間接目的語」といいます。(E3) (E4) (E6) の「目的語」と同じように文にとって欠かせない要素ですが、前置詞が導く語群の形をしています。

(E-7) ［(主語の意味を含む) 動詞］*3

Pluvas. 雨が降っている。

---

² この型の文は、日本語話者にはわかりづらいかもしれません。対応する日本語訳文では、「私は／わかった。」という文の中に「彼が酔っている(のが)」という文が埋め込まれています。（→6-2/p.145）
³ この型の文は、天候をあらわすものが多いです。

108

4. 文

4-3 否定文と疑問文

4-3-1 否定文

エスペラントでは、七つの型のすべての文で、動詞の左に否定の原形副詞 "ne" をおけば、否定文になります。

(E-1) Homo *ne* estas animalo.　　人間は動物ではない。
　　　Homo *ne* estas kruela.　　人間は残酷ではない。

(E-2) Homo *ne* vivas.　　　　　　人間は生きていない。

(E-3) Homo *ne* manĝas viandon.

　　　　　　　　　　　　人間は肉を食べない。

(E-4) Mi *ne* trovis lin ebria.

　　　　　　私は彼が酔っていると気づかなかった。

(E-5) Mi *ne* interesiĝas pri historio.

　　　　　　　　　　私は歴史に興味がない。

(E-6) Mi *ne* informis lin pri la kunsido.

　　　　私は彼に、あの会議のことを知らせなかった。

(E-7) *Ne* pluvas.　　　　　　雨は降っていない。

"ne" は、右にある単語や単語群を否定します。そこで、"ne" の配置を変えれば部分否定の文ができます。

・*ne* viandon　　　　　　　　　　肉(を)ではない
・*ne* pri la kunsido　　　　あの会議についてではない
・Homo manĝas *ne viandon.*

　　　　　　　　人間が食べるのは<u>肉ではない</u>。

・Mi informis lin *ne pri la kunsido.*
　　私が彼に知らせたのは、<u>あの会議についてではない</u>。

109

※　※　※

　日本文の否定文は「ない」を用いて作ります。先にあげた(J-1)から(J-3)までの日本語の例文のいくつかを否定文にしてみましょう。

(J-1) 名詞文
・人間は動物ではない。　　　　　　　　　（だ→ではない）
(J-2) 形容詞文
・人間は賢くない。　　　　　　　　　　　（賢い＋くない）
・この服は私にぴったりではない。　　　　（だ＋ではない）
(J-3) 動詞文
・彼らは私に職人を紹介しない。　　　（紹介する＋ない）

　日本語の部分否定では、テーマを文の最初に示し、否定される事柄を文末におきます。

(J-2) この服は私にぴったりだ。
・私にピッタリなのはこの服ではない。
・この服がピッタリなのは私ではない。

(J-3) 彼らは私に職人を紹介する。
・彼らが私に紹介するのは職人ではない。
・彼らが職人を紹介するのは私にではない。
・私に職人を紹介するのは彼らではない。

4-3-2　疑問文

　エスペラントの文では、文頭に疑問の原形副詞 "ĉu" を、そして文末に疑問符「？」をおくと疑問文になります。"Jes" または "Ne" で答えます。

110

4. 文

・A: Ĉu homo estas animalo?　B: Jes, homo estas animalo.

A: 人間は動物ですか。B: ええ、人間は動物です。

・A: Ĉu homo estas kruela?　B: Ne*⁴, homo ne estas kruela.

A: 人間は残酷ですか。B: いいえ、残酷ではありません。

・A: Ĉu homo manĝas viandon?　B: Jes, homo manĝas viandon.

A: 人間は肉を食べますか。B: はい、食べます。

・A: Ĉu vi trovis lin ebria?　B: Ne, mi ne trovis lin ebria.

A: 彼が酔っていることに気づきましたか。B: いいえ、気づきませんでした。

・A: Ĉu vi informis lin pri la kunsido?　B: Jes, mi informis lin pri la kunsido.

A: あなたは彼にあの会議のことを知らせましたか。B: はい、知らせました。

・A: Ĉu pluvas?　B: Jes, pluvas.

A: 雨が降っていますか。B: はい、降っています。

※　※　※

日本語では、文末に終助詞「か」または「ですか」などをつければ、疑問文が作れます。

---

⁴ "ne" には「〜ではない」と打ち消しをあらわす意味（原形副詞）と、「いいえ」と返答をあらわす意味（間投詞）があります。

111

(J-1) 名詞文

・人間は動物か。

(J-2) 形容詞文

・人間は賢いですか。　・この服は私にぴったりか。

(J-3) 動詞文

・彼らは私に職人を紹介しますか。

4-3-3　疑問詞疑問文

次の例のような「はい」「いいえ」では答えられない疑問文があります。

・<u>なに</u>をしているのですか。　バスを待っています。

・<u>どこ</u>から来たのですか。　　横浜から来ました。

エスペラントでは"ki-"で始まる相関詞に、「なに?」「どこ?」などの疑問をあらわす働きがあります。これらを「疑問詞」といい、次のように分類できます。

代名詞的		形容詞的
全体	個別	形状
kio なに	kiu だれ	kia どんな

副詞的				
場所	時	理由	様子・方法	量
kie どこ	kiam いつ	kial なぜ	kiel どのように	kiom どのくらい

4. 文

　エスペラントの疑問詞は文頭におきます。疑問詞に続く文要素の配列には、厳格な決まりはありません。

・A: *Kio* estas Esperanto?　B: Ĝi estas lingvo.
　　A: エスペラントって<u>なん</u>ですか。B: ことばです。

・A: *Kiu* kreis Esperanton?　B: Zamenhof kreis ĝin.
　　A: エスペラントをつくったのは<u>だれ</u>ですか。B: ザメンホフです。

・A: *Kia* lingvo estas Esperanto?　B: Ĝi estas bela lingvo.
　　A: エスペラントは<u>どんな</u>ことばですか。B: 美しいことばです。

・A: *Kie* Esperanto naskiĝis?　B: Ĝi naskiĝis en Pollando.
　　A: エスペラントは<u>どこ</u>で生まれましたか。B: ポーランドです。

・A: *Kiam* Esperanto naskiĝis?　B: Ĝi naskiĝis en la jaro 1887.
　　A: エスペラントは<u>いつ</u>生まれましたか。B: 1887年に生まれました。

・A: *Kial* ni bezonas Esperanton?　B: Ĉar ni bezonas komunikilon trans nacieco.
　　A: エスペラントが必要なのは<u>なぜ</u>ですか。B: 民族性をこえた伝達手段が必要だからです。

・A: *Kiel* Zamenhof publikigis Esperanton?　B: Li publikigis ĝin per malgranda broŝuro.
　　A: ザメンホフは<u>どのように</u>エスペラントを発表しま

113

したか。B: 小さな冊子で発表しました。

・A: *Kiom* da parolantoj de Esperanto troviĝas en la tuta mondo?　B: Ĉirkaŭ miliono da parolantoj troviĝas.

　A:　エスペラントの話者は世界中に<u>どのくらい</u>いますか。B: およそ百万人います。

※　※　※

日本語の「こそあどことば」のうちの「不定称」も、「ど (do)」で始まります。

事物	場所	選択	様子	指示
どれ dore	どこ doko	どちら doĉira	どんな donna	どの dono

「ど」ではじまらない次のようなものもあります。

人	時	理由
だれ dare	いつ icu	なぜ naze

日本語の疑問詞は、文頭におく必要がありません。

・そこにいるのは<u>だれ</u>ですか。
・あの人は<u>いつ</u>日本に来ましたか。

文頭におくと、強くたずねる文になります。

・<u>だれ</u>がそこにいるのですか。
・<u>いつ</u>あの人は日本に来ましたか。

助詞をつけて、ヲ格、カラ格、ニ格、デ格、マデ格として用いることもできます。

4. 文

ヲ格	カラ格	ニ格	デ格	マデ格
なにを	なにから	なにに	なにで	なにまで
だれを	だれから	だれに	だれで	だれまで

エスペラントの疑問詞も、対格語尾や前置詞と組み合わせて用いることができます。

+n ～を	de ～から	al ～に	per ～で	ĝis ～まで
kion なにを	de kio なにから	al kio なにに	per kio なにで	ĝis kio なにまで
kiun だれを	de kiu だれから	al kiu だれに	per kiu だれで	ĝis kiu だれまで

・*Kion* vi aĉetis? 　　　あなたはなにを買ったのですか。
・*De kiu* vi ricevis la donacon?
　　　　　　　　その贈り物をだれからもらいましたか。
・*Al kiu* vi donacis la libron?
　　　　　　　　その本はだれにあげたのですか。

※　※　※

日本語と同様に、文脈や使う状況によっては、疑問文が、驚きをあらわす文（感嘆文）や、主張を強める文（修辞疑問文）になります。疑問符「？」の代わりに感嘆符「！」を文末におきます。

・Kia dirmaniero! 　　　　　そんな言い方があるか。
・Kial vi tiel akre kritikas min!
　　　　　　　　なぜそんなに厳しく私を批判するんだ。

115

・Ĉu li iam plenumis promeson!
　あの人が約束を守ったことが今までにあったろうか。
・Kiu tuŝaĉis mian komputilon!
　　　　　　　　私のパソコンをいじったのはだれだ。

4-4　文要素の配置と省略

　日本語文では、動詞を文末におかなければなりません。しかし、その他の文要素の配置は自由です。4-1 (p.104) であげた「猟師がからだにバターを塗りつけた。」という例文を次のように言っても、ニュアンスに違いが出るとしても意味に違いはありません。

・猟師がバターをからだに塗りつけた。
・からだに猟師がバターを塗りつけた。
・からだにバターを猟師が塗りつけた。
・バターを猟師がからだに塗りつけた。
・バターをからだに猟師が塗りつけた。

　主題を示す文節は、強調するために文の先頭におくのが普通です。

・猟師はバターをからだに塗りつけた。
・バターは猟師がからだに塗りつけた。
・からだには猟師がバターを塗りつけた。

　次のように文の構造を変えて名詞文（→4-2/p.105）にすれば、文末の文要素をもっと強調できます。

・バターをからだに塗りつけたのは猟師だった。
・猟師がからだに塗りつけたのはバターだった。

4. 文

・猟師がバターを塗りつけたのはからだだった。

※　※　※

　4-2では、エスペラントの文要素の配置を「主語＋動詞
（＋そのほかの文要素）」と紹介しましたが、実はこれ
にとらわれません。日本語と同様に自由度が高いです。
またこのパターンを崩すことで微妙なニュアンスが表現
できます。強調すべき文要素を文の先頭におけば、日本
語と同じように主題を示すことができます。

(1) *En Okinavo* la arboj kreskas rapide.

　　　　　　　　沖縄は木の成長がはやい。

(2) *La arboj en Okinavo* kreskas rapide.

　　　　　　　　沖縄の木は成長がはやい。

(3) *La kreskado de la arboj en Okinavo* estas rapida.

　　　　　　　　沖縄の木の成長ははやい。*5

　日本語と違って、エスペラントでは動詞も自由に配置
できます。

・Granda tertremo *okazis* en la regiono.

　　　　　　　　大きな地震があの地方で起こった。

・En la regiono *okazis* granda tertremo.

　　　　　　　　あの地方では大きな地震が起こった。

・*Okazis* granda tertremo en la regiono.

　　　　　　　　あの地方で大きな地震が起こったのだった。

---

5 (1) の例文の "En Okinavo" は「沖縄で」という副詞の働きをしていま
　す。（→7-1-1/p.149）　(2) (3) の "en Okinavo" は「沖縄の〜」とい
　う形容詞の働きをしています。（→5-1-1/p.129）

117

複数語尾 "j"（→ 2-1-3/p.28）や対格語尾 "n"（→ 4-1/p.103）が、語句の配列の自由度を高めています。

・Ni manĝas *krudajn fiŝojn.*

私たちは生の魚を食べます。

・*Krudajn fiŝojn* manĝas ni.

生の魚を食べるのは私たちです。

・*Fiŝojn krudajn* ni manĝas.

魚の生のやつを私たちは食べる。

※　※　※

日本語では、すべての文要素を明示するとは限りません。特に会話では、一人称と二人称の主語は明示しないのが普通です。

・いま考えているところです。（私は…）
・なにを考えているのですか。（あなたは…）

また、目の前にあるものが話題になっている場合など、おたがいに理解できるなら、動詞や目的語や助詞を省略することもあります。

・「ご飯、それともお風呂？」「メシだ。」
・「食べる？」「いや、いらない。」
・「あした、きみ、来る？」「うん、行く」

共通の認識背景が単語を節約させるのでしょう。しかし、過度の節約が誤解のもとになることもありえます。

エスペラントの場合でも文要素の省略はありますが、日本語ほどではありません。特に主語は、一人称や二人

4. 文

称でも省略しません。

4-5 文の構造

　ここまで、文を成り立たせる主語や目的語、補語が一語の単語でできた文の説明をしてきました。実際の文では、日本語の場合もエスペラントの場合も、これらの文要素が一語の単語ではなく「単語群」になることが多いです。単語群は次の三つに分類できます。

(1) 形容詞語群　(a)名詞を修飾し、その名詞と一体となって名詞語群を作る
　　　　　　　　(b)補語になる

(2) 名詞語群　　　主語、補語、目的語になる

(3) 副詞語群　　　時、場所、様子、条件などの情報を文につけ加える

※　※　※

　次の日本語の名詞文 [J-1：主語＋名詞＋だ] (→ 4-2/p.105) の構造を見てみましょう。一語の単語ではなく、単語群が主語や名詞の働きをしています。(次にあげる日本語文 [A] [B] [C] のエスペラント訳を、この節の最後 [p.125-126] にあげておきます)

　[A] これから起こる地震を予知するのが、新しく建てられた研究所で私たちがとり組んでいる仕事だ。

---

(1) 主語の名詞語群 (なにが?)
　　　　　：これから起こる地震を予知するの…が

119

(2) 述語の名詞語群（なんだ？）

：新しく建てられた研究所で私たちがとり組ん
でいる仕事…だ

(1) の主語の名詞語群の中には［ヲ格＋動詞］の構造が
あります。

(a) ヲ格（なにを？）　　　：これから起こる地震を
(b) 動詞（どうする？）　　：予知する

さらに (a) では、「これから起こる〜」という形
容詞語群が「地震」を修飾し、修飾されている名詞
と一体となって、「これから起こる地震」が名詞語
群になっています。

・これから起こる〜　　　形容詞語群
・これから起こる地震　　名詞語群

(2) の名詞語群の中心は「仕事」で、形容詞語群「新し
く建てられた研究所で私たちがとり組んでいる〜」に修
飾されています。そしてこの形容詞語群の中にも［主語
＋動詞］の構造があります。

(c) 主語（だれが？）　：私たちが
(d) 副詞語群（どこで？）

：新しく建てられた研究所で

(e) 動詞語群（どうしている？）　：とり組んでいる

(d) では、名詞「研究所」が形容詞語群「新しく建て
られた〜」によって修飾され、末尾にある助詞「で」
によって場所をあらわす副詞語群となっています。

120

4. 文

・新しく建てられた～　　　　　形容詞語群
・新しく建てられた研究所　　　名詞語群
・新しく建てられた研究所で　　副詞語群

この文を述語の名詞から順に再構成してみましょう。

・仕事だ。
・地震を予知するのが、仕事だ。（下線部は、主語の名詞語群）
・地震を予知するのが、私たちがとり組んでいる仕事だ。（「仕事」を修飾する形容詞語群）
・これから起こる地震を予知するのが、私たちがとり組んでいる仕事だ。（「地震」を修飾する形容詞語群）
・これから起こる地震を予知するのが、新しく建てられた研究所で私たちがとり組んでいる仕事だ。（場所をあらわす副詞語群）

※　※　※

新聞からとった次の二つの日本文をみましょう。*6

―――――――――――――――――――――――――――

　［B］天の川銀河の中心に太陽の400万倍程度の質量をもつブラックホールがあると推定されている。

―――――――――――――――――――――――――――

　これは動詞文［J-3：主語＋動詞］(→ 4-2/p.106)です。

(1) 主語の名詞語群（どういうことが？）

　　　：天の川銀河の中心に太陽の400万倍程度の質

―――――――――――――
⁶ 東京新聞2016年8月21日総合版から。説明がわかりやすくなるように、少し書き改めました。

121

　　　　　量をもつブラックホールがある…ということが

(2) 述語の複合動詞（どうされている？）

　　　　　　　　　　　　　　　：推定されている

(1) の名詞語群の中にも［副詞語群＋主語＋動詞］の構
　造があります。

　(a) 場所を示す副詞語群（どこに？）

　　　　　　　　　　　　　：天の川銀河の中心に

　(b) 主語の名詞語群（なにが？）

　　　　　　：太陽の400万倍程度の質量をもつブ
　　　　　　　ラックホールが

　(c) 動詞（どうだ？）　　　　：ある

さらに　(b)　の名詞語群では、形容詞語群「太陽の400
　万倍程度の質量をもつ〜」が「ブラックホール」を
　修飾しています。

　　・太陽の400万倍程度の質量をもつ〜　形容詞語群
　　・太陽の400万倍程度の質量を持つブラックホール
　　　　　　　　　　　　　　　　　　　名詞語群

さらに、この形容詞語群には［ヲ格＋動詞］の構造が
　あります。

　(i) ヲ格（なにを？）

　　　　　　　　　：太陽の400万倍程度の質量を

　(ii) 動詞（どうしている？）　　：もつ

　(i) では、形容詞語群「太陽の400万倍程度の〜」
　　が名詞「質量」を修飾して名詞語群を作って
　　います。

4. 文

> ・太陽の400万倍程度の〜 .... 形容詞語群
> ・太陽の400万倍程度の質量 .... 名詞語群

この文全体を、動詞から順に再構成してみましょう。

・推定されている。

・<u>ブラックホール</u>があると推定されている。（下線部は主語の名詞語群）

・<u>太陽の400万倍程度の質量をもつ</u>ブラックホールがあると推定されている。（「ブラックホール」を修飾する形容詞語群）

・<u>天の川銀河の中心に</u>太陽の400万倍程度の質量をもつブラックホールがあると推定されている。（場所を示す副詞語群）

[C] 観光庁は、訪日外国人旅行者が酒造やワイナリーなどで購入した日本の酒を土産品として持ち帰る場合、消費税を免除する制度を税制改正要望に盛り込む方針を固めた。

これは動詞文 ［J-3：主語＋ヲ格＋動詞］（→4-2/p.106)です。

(1) 主語（なにが？）　　　　　　：観光庁…は

(2) 条件を示す副詞語群（どんな場合に？）

　　　：訪日外国人旅行者が酒造やワイナリーなどで購入した日本の酒を土産品として持ち帰る…場合(に)

(3) ヲ格（なにを？）
 ：消費税を免除する制度を税制改正要望に盛り込
  む方針…を
(4) 動詞（どうした？）　　　　：固めた

　(2) の条件を示す副詞語群の中にも［主語＋ヲ格＋動
　詞］の構造があります。

(a) 主語（だれが？）　　　　：訪日外国人旅行者…が
(b) ヲ格（なにを？）
 　　　：酒造やワイナリーなどで購入した日本の
  　　　　　酒…を
(c) 動詞（どうする？）　　　：持ち帰る

　さらに (b) では、「酒」が、二つの形容詞語群「酒造
　やワイナリーなどで購入した～」と「日本の」によっ
　て修飾されています。

　　　酒造やワイナリーなどで購入した .... 酒
　　　日本の .... 酒

　(3) のヲ格では、名詞「方針」が、形容詞語群「消費税
　を免除する制度を税制改正要望に盛り込む～」によ
　って修飾されています。そしてこの形容詞語群の中
　にも［ヲ格＋ニ格＋動詞］の構造があります。

(d) ヲ格（なにを？）　　：酒税を免除する制度…を
(e) ニ格（なにに？）　　　　：税制改正要望…に
(f) 動詞（どうする？）　　　：盛り込む

　(d) の修飾語群の中の構造は［ヲ格＋動詞］です。

　(i) ヲ格（なにを？）　　　　：酒税を

4. 文

(ii) 動詞（どうする？）　　　：免除する

この文も動詞から順に再構成してみましょう。

・固めた。
・観光庁は、方針を固めた。（下線部は、主語とヲ格）
・観光庁は、制度を税制改正要望に盛り込む方針を固めた。（「方針」を修飾する形容詞語群）
・観光庁は、消費税を免除する制度を税制改正要望に盛り込む方針を固めた。（「制度」を修飾する形容詞語群）
・観光庁は、酒を土産品として持ち帰る場合、消費税を免除する制度を税制改正要望に盛り込む方針を固めた。（条件を示す副詞語群）
・観光庁は、訪日外国人旅行者が酒造やワイナリーなどで購入した日本の酒を土産品として持ち帰る場合、消費税を免除する制度を税制改正要望に盛り込む方針を固めた。（「酒」を修飾する形容詞語群）

※　※　※

私たちが話したり書いたりする文の多くは、構造のなかにまた別の構造のある複雑な形をしています。

※　※　※

日本語文 [A] [B] [C] の訳例をあげます。

[A] Prognozi tertremojn, kiuj okazos en proksima estonteco, estas la tasko, pri kiu ni okupiĝas en tiu ĉi nove konstruita laboratorio.

[B] Estas konjektite, ke en la centro de la Galaksio kun Lakta Vojo troviĝas Nigra Truo, kiu havas

125

mason ĉirkaŭ kvar-milion-oble pli grandan ol
tiu de la Suno.

[C] La Subministerio pri Turismo decidis meti sian
proponon en la amend-liston por la modifo de
la imposta sistemo, ke la turistoj el ekster
Japanio estu liberigitaj de aldonvalora imposto,
se ili reportos al sia lando la alkoholaĵojn
aĉetitajn kiel donacojn en japanaj sake- aŭ vin-
fabrikoj.

4-6 節と句

「節」は、文を構成する部分として一つのまとまりを
なす単語群で、その中に主語・述語の関係を含むもので
す。次の例文の中の ｛ ｝ で示す単語群には主語(下線部)と
述語(太字)が含まれています。これらが節です。

(1) ｛<u>あなた</u>は暴言を**慎むべきだ**｝ と ｛<u>私</u>は**思う**｝ 。

(2) これは ｛きのう<u>私</u>が魚屋で**買った**｝ サンマです。

(3) ｛<u>君</u>が**協力しなかった**｝ から ｛<u>事業</u>が**失敗した**｝ 。

　(1)の文では「あなたは暴言を慎むべきだ」という節が
接続助詞「と」と組んで名詞の働きをして、文の目的語
となっています。名詞の働きをする節を「名詞節」とい
います。形式名詞「こと」と助詞「を」を用いて次のよ
うに言い直すと、名詞節であり、目的語となっていると
いうことがわかりやすくなります。

(1') あなたは暴言を慎むべきだ<u>ということを</u>私は思う。

126

4. 文

(2)の文では「きのう私が魚屋で買った〜」という節が
「サンマ」を修飾しています。形容詞の働きをする節を
「形容詞節」といいます。

(3)の文では「君が協力しなかった」という節が接続助
詞「から」と組んで、理由をあらわす節を作っていま
す。原因、理由、時、仮定などをあらわす節を「副詞
節」といいます。

文の中心をなす節を「主節」といいます。主節に従属
して文の一部となる節を「従属節」といいます。(1) (2)
(3) の文の主節と従属節は次の通りです。

	主節	従属節
(1)	私は思う。	あなたは暴言を慎むべきだと
(2)	これはサンマです。	きのう私が魚屋で買った〜
(3)	事業が失敗した。	君が協力しなかったから

「句」は、節よりも短い単語群で、その構造の中に主
語や述語を含まないものです。 (→2-2-5/p.46)

※　※　※

エスペラントにも、形容詞や名詞、副詞の働きをする
語群、つまり節や句があります。

127

5. 形容詞語群

「本」を修飾する次の二つの日本文(1)(2)の下線部が、形容詞句に相当します。

(1) <u>本棚の中の</u>本
(2) <u>書評でとりあげられた</u>本

次の(3)(4)の下線部が、形容詞節に相当します。

(3) <u>きのう古本屋で見つけた</u>本
(4) <u>書評でとりあげた</u>本

形容詞節は、切り出して主語を補うことができます。

(3') きのう［私が］古本屋で見つけた。
(4') ［新聞が］書評でとりあげた。

形容詞語群に名詞が修飾されると、全体として名詞語群の働きをします。

・書評でとりあげられた〜　　　　　形容詞語群 (句)
　書評でとりあげられた本　　　　　名詞語群

・［新聞が］書評でとりあげた〜　　形容詞語群 (節)
　［新聞が］書評でとりあげた本　　名詞語群

日本語では、形容詞語群を名詞語群に変えるために、形式名詞の「こと」や「もの」が、よく使われます。

・私がきのうあなたに言った<u>こと</u>…を忘れたのか。
・昨夜ぼくがあの店で食べた<u>もの</u>…は腐っていた。

5. 形容詞語群

5-1 形容詞句

5-1-1 前置詞が導く形容詞句

エスペラントでは、前置詞（→2-2-5/p.46）が導く句で、左にある名詞を修飾することができます。修飾される名詞と形容詞句が一体となって、名詞語群を作ります。例をあげます。

・domo *en Tokio*	東京の家
・laboro *dum ok horoj*	8時間の労働
・arbo *antaŭ la domo*	家の前の木
・arboj *ĉirkaŭ parko*	公園のまわりの木々
・prelego *pri Japanio*	日本についての講演
・laboro *por pano*	パンのための労働
・sufero *pro malsato*	空腹での苦しみ
・skribado *per krajono*	鉛筆での筆記

これらの訳例でわかるように、形容詞句は、助詞「の」を用いた表現に相当します。日本語の「の」には、いろいろな意味が含まれています。日本語の例をいくつか、対応するエスペラント訳とともにあげます。

・熊本の公園（=熊本にある公園）　　parko *en* Kumamoto
・衣料品の販売（=衣料品を販売すること）

　　　　　　　　　　　　　　　　　vendado *de* vestoj
・紙の人形（=紙でできた人形）　　　pupo *el* papero
・死去の知らせ（=死去についての知らせ）

　　　　　　　　　　　　　　　　　informo *pri* forpaso
・ネコのエサ（=ネコのためのエサ）　nutraĵo *por* kato

129

・黒服の男（＝黒い服を着た男）　　　viro *en* nigra vesto
・壁の絵（＝壁に掛かった絵）　　　pentraĵo *sur* muro

　日本語の形容詞句の多くは、名詞と形式名詞、助詞、そして「の」の組み合わせでできています。

・鉛筆での .... 筆記　　　　（鉛筆＋で＋の）
・きのうからの ...... 雨　　　　　（きのう＋から＋の）
・駅までの .... 道のり　　　（駅＋まで＋の）
・家の前の .... 木　　　　　（家＋の＋前＋の）
・パンのための ...... 労働　　　　（パン＋の＋ため＋の）

※　　※　　※

　前置詞が導く句に形容詞や冠詞を加えれば、もっと詳しく修飾できます。

・(aero) en *la malvasta* ĉambro　あの狭い部屋の (空気)
・(knabino) kun *longa* hararo　　　　長い髪の (少女)
・(kajero) kun *blua* kovrilo　　　青い表紙の (ノート)
・(vivo) dum *la severa* tempo　あの困難な時代の (生活)

　これらの語群が主語や補語になる例文をあげます。

・*La aero en la malvasta ĉambro* odoris strange.
　　　　その狭い部屋の空気は変な匂いがした。　（主語）
・Mika estas *la knabino kun longa hararo*.
　　　　　　ミカは長い髪をしたあの少女だ。　（補語）

　目的語になる例文をあげます。

・Mi aĉetis *kajero**j**n kun blua kovrilo*.
　　　　　　　私は青い表紙のノートを買った。

5. 形容詞語群

5-1-2 分詞が導く形容詞句

分詞形容詞（→3-2-4/p.76）は、ほかの単語を従えて「動き」や「変化」を含んだ形容詞語群を作り、名詞を右側から修飾します。

(1) la suno *leviĝanta super la monto*

山の上の方にのぼりかけている太陽

(2) la viro *leganta ĵurnalon*　　新聞を読んでいるあの男

(3) *ĵurnalo legata de viro*　　男性に読まれている新聞

(4) *lingvo parolata en Kanado*

カナダで話されていることば

(5) la *sistemo enkondukota morgaŭ*

あす導入されるシステム

(1) (3) (4) では、前置詞が導く語群を、(2) は目的語を、そして (5) は原形副詞を従えています。

この形容詞語群も、修飾される名詞と一体になって名詞語群を作ります。修飾される名詞に複数語尾がついている場合、修飾する分詞形容詞にも複数語尾をつけます。

・lingvo*j* parolata*j* en Kanado

カナダで話されていることば（複数）

・la sistemo*j* enkondukota*j* morgaŭ

あす導入される新しいシステム（複数）

対格語尾も一致させます。

・lingvo*n* parolata*n* en Kanado

カナダで話されていることばを（対格）

131

・la sistemo*jn* enkondukota*jn* morgaŭ
　　　あす導入される新しいシステムを（複数・対格）

　語尾を一致させることで、文章を読むときだけでなく、話を聞くときも修飾と被修飾の関係がわかりやすくなります。

　これらの名詞語群が、主語や目的語、補語になった例をあげます。

・*La lingvoj parolataj en Kanado* estas la angla kaj la franca. （主語）
　カナダで話されていることばは英語とフランス語だ。

・La angla kaj la franca estas *la lingvoj parolataj en Kanado*. （補語）
　英語とフランス語はカナダで話されていることばだ。

・Ili instruas *la lingvojn parolatajn en Kanado*.
　彼らはカナダで話されていることばを教えている。
　　　　　　　　　　　　　　　　　　　　　　　　（目的語）

※　※　※

　日本語では「いる、いた、ある、あった」などの補助動詞を動詞と組み合わせて用いることで、「進行」や「状態」をあらわす形容詞語群を作ります。（→3-2-3/p.71）また、動詞の「〜た」の形で「完了」を、辞書形で「未然」をあらわす形容詞群を作ります。

【進行】
・窓を開けている…人　　　・窓を開けていた…人

5. 形容詞語群

【状態】
・ずっと開け<u>てある</u>…窓　　・ずっと開け<u>てあった</u>…窓
・ずっと開い<u>ている</u>…窓　　・ずっと開い<u>ていた</u>…窓
【完了】（動詞の「た形」）
・機械を壊し<u>た</u>…人　　　　・壊れ<u>た</u>…機械
【未然】（動詞の「辞書形」）
・これから起<u>こる</u>…こと　・あすから稼働<u>する</u>…システム

※　※　※

　分詞形容詞が導く語群は、単独の形容詞と同じく文の補語になることができます。（→4-2/p.107）おもに esti を動詞とする文の補語になります。

estas 現在		
進行 -anta	完了 -inta	未然 -onta
しつつある	してしまっている	しようとしている

・Mi estas manĝanta frukton.
　　　　　　私はくだものを食べている。(食べつつある)
・…estas manĝinta…　　　…食べた (食べてしまっている)
・…estas manĝonta…　　　　　…食べようとしている

　現在形の "estas" と分詞形容詞を組み合わせたこれらの文は、進行中であることや完了したことを特に強調する必要がなければ、それぞれの動詞の概念が含む「相」を活用して、次のように言うので十分です。

・Mi *manĝas* frukton.　　　…食べている。
・Mi *manĝis* frukton.　　　…食べた。

133

・Mi *mangos* frukton. 　　　　　...食べようとしている。

estis 過去		
進行 -anta	完了 -inta	未然 -onta
しつつあった	してしまっていた	しようとしていた

・Mi estis leganta ĵurnalon.　　私は新聞を読んでいた。
・...estis leginta...　　　　　　...読んでしまっていた
・...estis legonta...　　　　　　...読もうとしていた

estos 未来		
進行 -anta	完了 -inta	未然 -onta
しつつある だろう	してしまって いるだろう	しようとして いるだろう

・...estos leganta...　　　　　　　...読んでいるだろう
・...estos leginta...　　　　...読んでしまっているだろう
・...estos legonta...　　　　　...読もうとしているだろう

※　※　※

　estiと受け身の分詞形容詞が導く語群を組み合わせると、受け身の文ができます。*1

estas 現在		
進行 -ata	完了 -ita	未然 -ota
されつつある	されてしまっている	されようとしている

・La viando estas rostata en kuirforno.
　　　　　　　　　肉はオーブンで焼かれつつある。

---

[1] 「受け身」は「受動態」ともいいます。これに対して、普通の文は「能動態」といいます。

134

5. 形容詞語群

・...estas rostita...　　　　　...焼かれてしまっている
・...estas rostota...　　　　　...焼かれようとしている

estis 過去		
進行 -ata	完了 -ita	未然 -ota
されつつあった	されてしまっていた	されようとしていた

・...estis rostata...　　　　　...焼かれつつあった
・...estis rostita...　　　　　...焼かれてしまっていた
・...estis rostota...　　　　　...焼かれようとしていた

estos 未来		
進行 -ata	完了 -ita	未然 -ota
されつつ あるだろう	されてしまって いるだろう	されようとして いるだろう

・...estos rostata...　　　　　...焼かれつつあるだろう
・...estos rostita...　　　　　...焼かれてしまっているだろう
・...estos rostota...　　　　　...焼かれようとしているだろう

※　※　※

　受け身になるのは、本来は他動詞だけですが、日本語では「いる、行く、来る、泣く、立つ、座る、死ぬ」など、自動詞にも受け身の形で用いることができるものがあります。これらの受け身は「迷惑」をあらわします。

自動詞	受動
(〜が) 泣く	(〜に) 泣かれる
(〜が) 座る	(〜に) 座られる
(〜が) 死ぬ	(〜に) 死なれる

135

エスペラントでも、iri（行く）loĝi（住む）など、わずかですが自動詞を受け身形で用いる例があります。

・irota vojo　　　行く予定の道（行かれようとしている道）
・loĝata domo　（人が）住んでいる家（住まれている家）

5-2　形容詞節

次の例を見てください。

(1) あなたは若い時に絵を描いた。
(2) その絵を私は見たことがある。

これらの文の中の「絵」が同じものだとしたら、次のように、一つの文に合体させることができます。

(1+2)　あなたが若い時に描いた絵を私は見たことがある。

この文では「あなたが若い時に描いた〜」という形容詞節が「絵」を修飾し、全体として名詞語群を作っています。

さらに修飾語句を加えれば次のような文ができます。

(3) あなたが若いときに描いたすばらしい絵を、私は見たことがある。

この文では「あなたが若いときに描いた」と「すばらしい〜」のふた組みの語句が「絵」を修飾しています。

日本語の修飾語句は、修飾される語の左におきます。

・あなたが若い時に描いた .....→　絵
・すばらしい.........................→　絵

5. 形容詞語群

　複数の修飾語句を重ねて用いる場合は、長い語群を左
におきます。

［長い形容詞語群］＋［形容詞］→ 名詞

・[あなたが若いときに描いた] [すばらしい]… 絵
・[長い髪をした] [美しい]… 少女

　修飾語句をさらに重ねることもできますが、長い順に
左から配置します。

・[私が美術館で見てとても感動した][青を基調とする]
[美しい][あの]…絵」 *2

　日本語の形容詞節には次のようなものがあります。一
人称の主語「私が」は省略されることが多いです。

【事実と未来】動詞辞書形(連体形)

・(私が)いつも買う…パン　　　　　　（事実）
・父がいつも言う…こと　　　　　　　（事実）
・母があす乗る…飛行機　　　　　　　（未来）

【習慣と進行、状態】…ている〜、…ていた〜

・(私が)毎日食べている…パン　　　　（習慣）
・彼がいま読んでいる…本　　　　　　（進行）
・(私が)そのとき読んでいた…本　　　（進行・過去）

---

² 修飾語群の配置に注意しないと、次のような紛らわしい文になってしま
　うことがあります。（東京新聞2017年2月2日より）
・プロ野球の日本ハムをのぞいた11球団がきょうキャンプインした。
　（プロ野球は日本ハムだけで、ほかの11球団はプロ野球ではない？）
・日本ハムを除いたプロ野球の11球団がきょうキャンプインした。（日
　本ハムも、ほかの球団もプロ野球）

・君がいま住んでいる…町　　　　（状態）
・君が去年まで住んでいた…町　　（状態・過去）

【過去の動作】〜た…、〜だ…

・きみがきのう買った…本
・(私が)きのう読んだ…本
・この前母が言った…こと

【動作の完了と結果】〜しまった…

・先月(私が)捨ててしまった…もの
・きのうあなたが割ってしまった…グラス

※　※　※

　エスペラントでは、名詞を修飾する形容詞節を、"ki-"系列の相関詞（→2-2-7/p.51）を用いて作ります。相関詞のこの用法を「関係詞」といいます。

　"ki-"系列の関係詞の中でも、次のものが最もよく使われれます。

主格・単数	主格・複数	対格・単数	対格・複数
kiu	kiuj	kiun	kiujn

　関係詞が導く節は、日本語と違って、左にある名詞を右から修飾します。修飾される名詞を「先行詞」といいます。

> 名詞（先行詞）←　kiuが導く形容詞節

(1) studento, *kiu legas libron*　　　本を読んでいる学生

5. 形容詞語群

(2) studentoj, *kiuj legis la libron*

あの本を読んだ学生たち

(3) libro, *kiun morgaŭ la studento legos*

あの学生があす読む本

(4) librojn, *kiujn studentoj legas*

学生たちが読んでいる本（複数）を

上の例文の中の関係詞が導く節(斜体字部分)を切り離し、人称代名詞を補って文にすると、次のようになります。

(1) *Li* legas libron.　　　　　　　(Li ← kiu)
(2) *Ili* legis la libron.　　　　　　(Ili ← kiuj)
(3) Morgaŭ la studento legos *ĝin*.　(ĝin ← kiun)
(4) Studentoj legas *ilin*.　　　　　(ilin ← kiujn)

kiu (主格) と　kiun (対格) を使い分けることで、次のような、あいまいな表現を避けることができます。

・エリコが好きになった男（好きになったのが、エリコなのか男なのかわからない）

・la viro, *kiu* ekamis Erikon (*Li* ekamis Erikon.)

[その男がエリコを好きになった]

・la viro, *kiun* ekamis Eriko (Eriko ekamis *lin*.)

[エリコがその男を好きになった]

名詞の左に形容詞をおいて、修飾を重ねることができます。

> 形容詞 → 名詞 ← 関係詞が導く形容詞語群

・diligentaj studentoj, kiuj legas la libron

あの本を読んでいる勤勉な学生たち

・dika libro, kiun morgaŭ la studento legos
あの学生があす読む分厚い本

　エスペラントでは、先行詞が「人」であっても「もの」であっても、個別のものであれば "kiu, kiuj, kiun, kiujn" が導く節で修飾します。しかし、先行詞が次の【　】で示す次のものの場合は、ほかの関係詞を用います。*3

【tio, io, ĉio, nenio】← kio, kion
・*io*, kio nun naskiĝas　　　　いま生まれつつあるもの
・*ĉio*, kion vi diris　　　　あなたが言ったことの<u>すべて</u>

【時をあらわす名詞、または tiam】← kiam
・*la tago*, kiam vi naskiĝis　　あなたが生まれた(その)<u>日</u>
・*tiam*, kiam okazos tertremo　　地震が起きる<u>とき</u>

【場所をあらわす名詞、または tie】← kie
・*insulo*, kie vivas kuriozaj insektoj
珍しい昆虫が生息している<u>島</u>

※　※　※

　先行詞と関係詞が導く形容詞節が、一体となって名詞語群を作り、主語や目的語、補語になりますが、関係詞が導く節は、コンマで区切って示すと文の意味がわかり

---

[3] 関係詞は、文中での働きで次のように分類されています。
・関係代名詞　　kiu (kiun, kiuj, kiujn), kio (kion)
・関係副詞　　　kiam, kie (kien), kial
・関係形容詞　　kies, kia (kian)
　関係詞 "kial, kies, kia" や、関係詞を前置詞と組み合わせて用いる用法 "al kiu, kun kiu, de kie…" ついては、ほかの学習書をご覧ください。

140

やすくなります。

・*La studento, kiu legas libron*, estas mia filo.
　　　　読書しているあの学生は私の息子だ。（主語）
・Mia filo estas *la studento, kiu legas libron*.　（補語）
　　　　　　私の息子は読書しているあの学生だ。
・Ĉu vi konas *la studenton, kiu legas libron*?
　　読書しているあの学生を知っていますか。（目的語）

※　※　※

　関係詞が導く修飾語群と主節の時制（時間的関係）を次
の例で示します。

【主節が現在】legas (読んでいる)
・Mi legas libron, kiun vi *rekomendas* al studentoj.
　　　　君が学生たちに薦めている本を私は読んでいる。
・Mi legas libron, kiun vi *rekomendis*.
　　　　　　　　君が薦めた本を私は読んでいる。
・Mi legas libron, kiun vi *rekomendos*.
　　　　　　君が薦める予定の本を私は読んでいる。

【主節が未来】aĉetos (買う予定だ)
・Mi aĉetos la libron, kiun vi *legas*.
　　　　　君が読んでいるあの本を私は買う予定だ。
・Mi aĉetos la libron, kiun vi *legis*.
　　　　　　　君が読んだあの本を私は買う予定だ。
・Mi aĉetos la libron, kiun vi *legos*.
　　　　君が読もうとしているあの本を私は買う予定だ。

【主節が過去】aĉetis (買った)

・Mi aĉetis la libron, kiun vi *legas*.

君が読んでいる本を私は買った。

・Mi aĉetis la libron, kiun vi *legis*.

君が読んだ本を私は買った。

・Mi aĉetis la libron, kiun vi *legos*.

君が読もうとしている本を私は買った。

6. 名詞語群

6. 名詞語群

形容詞語群は名詞を修飾し、その名詞と一体になって名詞語群を作ることはすでに説明しました。この節では、それとは別の名詞語群を説明します。

6-1 名詞句

6-1-1 前置詞が導く名詞句

ほかの前置詞と違って、数量前置詞 "da" (〜の量の…)は、計量の単位をあらわす名詞や、量をあらわす副詞と一体となって、名詞句を作ります。

・unu metro da rubando　　　　　　　リボン１メートル
・cent gramoj da butero　　　100グラムの(量の)バター
・multe da pano　　　　　　　　たくさんの(量の)パン

"da" が作る句が、文の主語や目的語になった例をあげます。

・*Cent gramoj da butero* sufiĉas.
　　　　　<u>100グラムのバター</u>で十分だ。(主語)
・Mi aĉetis *cent gramojn da butero*.
　　　　　私は<u>バターを100グラム</u>買った。(目的語)

6-1-2 不定詞が導く名詞句

不定詞 (→2-1-4/p.30) は、ほかの単語を従えて名詞語群 (〜すること、〜こと) を作ります。従える単語は、その不定詞にとって、補語や目的語です。

・fariĝi *instruisto*　　<u>教師</u>になること　　　　　(補語)

143

- porti *libron*　　　本を運ぶこと　　　　（目的語）
- ekspedi *pakaĵon*　小荷物を発送すること　（目的語）

　不定詞が導く名詞語群が、主語や補語、目的語になる例をあげます。

- *Fariĝi instruisto de elementa lernejo* estis lia revo.
　　　　　小学校教師になるのが彼の夢だった。（主語）
- Mia laboro estas *ekspedi pakaĵon al fremdaj landoj.*
　　　私の仕事は小包を外国に発送することです。　（補語）
- Li revas *fariĝi instruisto de elementa lernejo.*
　　　彼は小学校教師になることを夢見ている。（目的語）

　次の表にあげる動詞では、おもに不定詞が導く名詞語群が目的語になります。

povi	devi	rajti	voli
～できる	～ねばならぬ	～してよい	～したい

- Vi povas *uzi tiun ĉi komputilon.*
　　　　　　このコンピューターをお使いになれます。
- Mi devas *fini la taskon.*
　　　　　　私は課題を終えなければならない。
- Ĉu mi rajtas *preni tiun ĉi sidlokon*?
　　　　　　この席に座っていいですか。
- Mi volas *fariĝi instruisto.*　　　私は教師になりたい。

6. 名詞語群

6-2　名詞節

名詞節は、次の日本語の例の下線部に相当します。

・君が潔白だと 私は信じている。
・作業がもう終わっているか 彼は確かめに行った。
・荷物がいつ届くか あなたは知っていますか。
・彼がなぜそんなことをしたのか 私にはわからない。

6-2-1　ke, ĉu が導く名詞節

エスペラントでは、従属接続詞 "ke" と "ĉu" [1] が名詞節を導きます。"ke" と "ĉu" はそれぞれ日本語の「と」「か、のか、かどうか」などに相当します。

・Mi pensas, *ke vi eraras.*
　　　　　　　君が間違えていると私は思う。
・Ili kredis, *ke la tero rondiras ĉirkaŭ la suno.*
　　　　　　　地球が太陽のまわりを回っていると
　　　　　　　　　　　　　　彼らは信じていた。
・Mi dubas, *ĉu li fariĝos bona instruisto.*
　彼が良い教師になるか (どうか) 私は疑っている。

6-2-2　疑問詞が導く名詞節

次の例のように「なぜ、どうして、いつ」などの疑問詞 (→4-3-3/p.112) で始まる単語群を文の要素として取り込む文があります。これらの日本語の単語群も、助詞「か」や「のか」と組んで名詞節を作っています。

---

[1] "ĉu"は、疑問文を作る原形副詞として、4-3-2(p.110)で紹介しました。

145

(1) ｛そんな事件がなぜ起こったのか｝私は知っている。

(2) ｛あの人がどのようにその仕事をやりとげたのか｝私にはわからない。

(3) ｛あなたがいついらっしゃるか｝私が彼に伝えておきましょう。

　上にあげた日本文をエスペラント訳すると、次のようになります。疑問詞に続く単語や語群の配列に、特別な決まりはありません。

(1) Mi scias, *kial* okazis tia afero.

(2) Mi ne povas diveni, *kiel* li plenumis la taskon.

(3) Mi transdiros al li, *kiam* vi venos.

　上に示したのは、疑問詞が導く節が目的語になる例ばかりですが、主語や補語になる例もあげます。

・*Kial okazis tia afero* ne estas klarigebla.（主語）

　　なぜそんなことが起こったのかは、説明できない。

・La enigmo estas *kial okazis tia afero.*（補語）

　　ナゾは、なぜそんなことが起こったかということだ。

※　※　※

　名詞節を文要素とする文の時制を、次の例文で示します。日本語の発想と同じなので、日本語話者である私たちには違和感がありません。

【主節が現在】Mi scias… (私は知っている)

・Mi scias, ke vi *estas* instruisto.

　　　　　君が教師であると私は知っている。

6. 名詞語群

・Mi scias, ke vi *estis* instruisto.
　　　　　　君が教師だったと私は知っている。
・Mi scias, ke vi *fariĝos* instruisto.
　　　　　君が教師になる予定だと私は知っている。

【主節が過去】Mi sciis… (私は知っていた)
・Mi sciis, ke vi *estas* malsana.
　　　　　　君が病気であると私は知っていた。
・Mi sciis, ke vi *estis* malsana.
　　　　　　君が病気だったと私は知っていた。
・Mi sciis, ke vi *fariĝos* malsana.
　　　　　君が病気になるだろうと私は知っていた。

【主節が未来】Vi ekscios… (君は [やがて] 気づく)
・Vi ekscios, ke mi *estas* malsana.
　　　　　私が病気であると君は [やがて] 気づく。
・Vi ekscios, ke mi *estis* malsana.
　　　　　私が病気だったと君は [やがて] 気づく。

6-2-3　同格

　不定詞が導く句や、従属接続詞 "ke" "ĉu" が導く句で、左にある名詞を説明する表現があります。日本語の「〜という」に相当します。「同格」といいます。

・ŝanco *akiri bonan postenon*
　　　　　　良い役職を得る (という) チャンス
・bezono *krei novan sistemon*
　　　　　新しいシステムを創る (という) 必要

147

・fakto, *ke granda tertremo okazis*
　　　　　　　　　　大地震が起こったという事実

・dubo, *ĉu li vere komprenas la aferon*
　　彼が本当にそのことを理解しているのかという疑い

・tio, *ke li ne komprenas la aferon*
　　　　　　彼がそのことを理解していないということ

　関係詞が導く形容詞節と似ていますが、この表現ができるのは、例文のように "ŝanco, bezono, fakto, dubo, tio" など、抽象的な意味の単語の場合に限られます。

　これらが文中で使われている例をあげます。

・Venis al mi *ŝanco akiri bonan postenon*.
　　　　良い役職を得るチャンスが私に到来した。（主語）

・Turmentis min la *dubo, ĉu li vere komprenas la aferon*.　　　彼が本当にそのことを理解しているのか
　　　　　　　　　という疑いが私を苦しめた。（主語）

　次の例のように、目的語群として使われるときは、先頭の名詞（この例では ŝanco, dubo）にだけ対格語尾をつけます。

・Li perdis *ŝancon akiri bonan postenon*.
　　　　彼は良い役職を得るチャンスを逃した。（目的語）

・Mi ne povas forviŝi la *dubon, ĉu li vere komprenas la aferon*.　　　彼が本当にそのことを理解しているのか
　　　　　　という疑いを私は拭い去れない。（目的語）

7. 副詞語群

7-1　副詞句

7-1-1　前置詞が導く副詞句

　前置詞が導く単語群が形容詞句になることは、5-1-1(p.129)で説明しました。前置詞が導く単語群は、それだけでなく、場所や時、様子などをあらわす副詞句を作り動詞を修飾することもできます。例をあげます。

- loĝi *en Tokio*　　　　　　　　東京に住む［場所］
- stari *antaŭ la domo*　　　　　家の前に立つ［場所］
- vekiĝi *antaŭ la sesa horo*　　６時前に目覚める［時］
- labori *dum ok horoj*　　　　　８時間働く［時］
- prelegi *pri Japanio*　　　　日本について講演する［対象］
- labori *por pano*　　　　　　パンのために働く［目的］
- suferi *pro malsato*　　　　　空腹で苦しむ［原因］
- skribi *per krajono*　　　　　鉛筆で書く［手段］
- ripozi *sur la sofo*　　　　　ソファで休む［場所］
- iri *al la parko*　　　　　　公園の方へ行く［方向］

　場所や状態をあらわす副詞句と対格語尾（→4-1/p.103）を組み合わせて、移動や変化の方向が示せます。

〜で	+n 〜へ
en la parko あの公園で	en la parkon あの公園へ
sur la sofo ソファーの上で	sur la sofon ソファーの上へ
en mizera stato　　　　みじめな状態で	en mizeran staton　　　　　みじめな状態へ

149

※　※　※

　これらの副詞句の中で、前置詞は、日本語の助詞「に、から、と、で、へ、まで、より」などが作る文節に近い働きをします。日本語の例を、対応するエスペラントの表現とともにあげます。日本語では一つの助詞がいろいろな役割を担っていることがわかります。

【に】

- 京都に住む　　　　［場所］　　　　　　　loĝi *en Kioto*
- ８時に出発する　　［時刻］　　　ekiri *je la oka horo*
- 観察に行く　　　　［目的］　　　　　　iri *por observi*
- 寒さに震える　　　［原因］　　　tremi *pro malvarmo*
- 顧客に苦情を言われる［受け身の行為者］

　　　　　　　　　　　　　　　esti riproĉita *de kliento*

- 鈴木氏に発送する　［対象］　　ekspedi *al s-ro Suzuki*

【で】

- 大学で研究する　　［場所］　　studi *en universitato*
- ボールペンで書く　［道具］　skribi *per globkrajono*
- 紙で作る　　　　　［材料］　　　　　fari *el papero*
- 消去法で選ぶ　　　［方法］　　elekti *per eliminado*
- 火事で焼ける　　　［原因］　　　bruliĝi *pro fajro*
- ３日で完成する　　［期間］　kompletiĝi *en tri tagoj*

【と】

- 彼の兄と行く　　　［共同者］　　　iri *kun lia frato*
- 困難と戦う　　　　［対抗者］　batali *kontraŭ malfacilaĵo*

7. 副詞語群

【から】
- 東京から来る　　　[移動の起点]　　　　veni *de Tokio*
- 頂上から見る　　　[立脚点]　　rigardi *de la montpinto*
- ３時から続く　　　[時の起点]　　daŭri *de la tria horo*
- 父から受け取る　　[送り手]　　ricevi *de la patro*[1]
- 疲れから病気になる［原因］　　malsaniĝi *pro laciĝo*
- ブドウからワインを作る［材料］

　　　　　　　　　　　　　　fari vinon *el vinberoj*

　次の例のように、用いることができる日本語の助詞は、必ずしも一つとは限りません。

- 山田君と会う／山田君に会う
- 駅まで行く／駅に行く／駅へ行く
- 髪にさわる／髪をさわる　　　・親に頼る／親を頼る

　エスペラントの前置詞も、一つと限られるわけではありません。

- 手助けに感謝する　　danki *pro* helpo
　　　　　　　　　　danki *por* helpo
- 家のところで待つ　　atendi *ĉe* la domo
　　　　　　　　　　atendi *apud* la domo

　次の下線部のような表現を用いれば、単独の助詞よりも正確に表現することができます。

- ペンを使って書く。　　　　　（ペンで書く）
- 父とともに行く。　　　　　　（父と行く）
- 貧しさのために苦しむ。　　　（貧しさで苦しむ）

---

[1] エスペラントの前置詞 "de" にも多くの意味があります。

・領海内において操業する。　　　（領海内で操業する）
・天候によって左右される。　　　（天候に左右される）

　エスペラントにも、これに相当する表現があります。
「前置詞＋名詞＋前置詞」の形をしています。例をあげ
ます。

・per uzo de ...　　　　　　...を使って
・pro rezulto de ...　　　　...の結果として
・en kadro de ...　　　　　...の枠の中で
・kun akompano de ...　　　...の同伴のもとで
・sub influo de ...　　　　...の影響のもとで

※　※　※

　次の表であげる前置詞と不定詞が導く句（→6-1-2/
p.143）を組み合わせて、副詞句を作ることができます。

por ために	sen なしに	anstataŭ かわりに	krom ほかに

・*por* efektivigi la planon　　その計画を実現する<u>ために</u>
・*sen* diri adiaŭon　　別れを言うこと<u>なしに</u>
・*anstataŭ* diri adiaŭon　　別れを言う<u>かわりに</u>
・*krom* diri adiaŭon　　別れを言う<u>ほかに</u>

7-1-2　分詞が導く副詞句

　分詞副詞（→3-2-4/p.77）も、ほかの単語を従えて、文
に様子をあらわす情報をつけ加えることができます。

【能動・進行】…ante（〜しながら）

　次の例では、前置詞が導く句を従えています。

7. 副詞語群

- parolante *en la japana lingvo* 日本語で話しながら
- promenante *en la parko* 公園で散歩しながら

【能動・完了】…inte (〜して)

次の例では、目的語を従えています。

- preninte *tagmanĝon* 昼食をとって
- plenuminte *la taskon* その課題を終えて

【能動・未然】…onte (〜しようとして)

- prenonte *vespermanĝon* 夕食をとろうとして
- plonĝonte *en riveron* 川に飛び込もうとして

【受動・進行】…ate (〜されながら)

- rigardate *de infanoj* 子どもたちに見つめられながら

【受動・完了】…ite：〜されて

- bruligite *de flamo* 炎に焼かれて

【受動・未然】…ote (〜されようとして)

- bruligote *de flamo* 炎に焼かれそうになって

分詞副詞の意味上の主語は、主節の主語と一致します。

(1) Promenante en la parko *ni* babilis.
　　　　　公園で散歩しながら私たちはおしゃべりした。
　　　　　　　（散歩したのも、おしゃべりしたのも私たち）

(2) Preninte matenmanĝon *mi* ekiros al la laborejo.
　　　　　朝食をとってから私は職場に行く予定です。
　　　　　　　（朝食をとるのも、職場へ行くのも私）

153

(3) Bruligote de flamo *li* tremas pro timo.

　　　　炎に焼かれそうになって彼は恐怖に震えている。

　　　　　　（焼かれそうになったのも、震えているのも彼）

　　分詞副詞の時制（進行、過去、未来）は、主節の時制を
基準にします。

【主節が進行】legas (読んでいる), serĉas (探している)

・*Trinkante* teon, mi *legas* libron.

　　　　　　お茶を飲みながら本を読んでいる。

・*Trinkinte* teon, mi *legas* libron.

　　　　　　　お茶を飲んでから本を読んでいる。

・*Legonte* libron, mi *serĉas* okulvitrojn.

　　　　　　本を読もうとしてメガネを探している。

【主節が過去】legis (読んだ), serĉis (探した)

・*Trinkante* teon, mi *legis* libron.

　　　　　　お茶を飲みながら本を読んでいた。

・*Trinkinte* teon, mi *legis* libron.

　　　　　　　お茶を飲んでから本を読んだ。

・*Legonte* libron, mi *serĉis* okulvitrojn.

　　　　　　本を読もうとしてメガネを探した。

【主節が未来】legos (読むつもり)

・*Trinkante* teon, mi *legos* libron.

　　　　　　お茶を飲みながら本を読む予定だ。

・*Trinkinte* teon, mi *legos* libron.

　　　　　　お茶を飲んでから本を読む予定だ。

7. 副詞語群

7-2　副詞節

　副詞節は、次の日本語の例のように、文に「理由」や
「条件」などをつけ加える語群で、主語と述語を含んだ
ものです。

・<u>あなたが参加しなかったので</u>、あの企画は失敗した。
・<u>あなたが参加するなら</u>、この企画は成功する。

　エスペラントの例をあげます。次の例文の従属接続詞
"ĉar, se, kiam, de, ĝis, kvankam" が副詞節を導きま
す。[2]

【原因・理由】ĉar (〜ので)
・*Ĉar vi ne donas al li permeson*, li ne povas ekiri.
　　　　　　　君が許可しないので、彼は出発できない。

【条件・仮定】se (〜なら)
・*Se vi donos al li permeson*, li ekiros.
　　　　　　　君が許可するなら、彼は出発する。

【時間】kiam (〜とき), ĝis (〜まで), dum (〜あいだ)
・*Kiam li renkontis min*, li ignoris min.
　　　　　　　私に会ったとき、彼は私を無視した。

・Li atendis min tie, *ĝis mi revenis.*
　　　　　　　私が戻るまで、彼はそこで私を待っていた。

・Ni ripozis, *dum la ĉefo forestis.*
　　　　　　　ボスがいないあいだに私たちは休憩した。

---

[2] 従属接続詞には "kiam" など相関詞と共用のものや "ĝis", "dum"など
前置詞と共用のものもあります。名詞節を導く従属接続詞 "ke","ĉu"に
ついては 6-2-1 (p.145) を参照。

155

【譲歩】kvankam（〜けれど）

・Li ne krimas, *kvankam li estas malriĉa.*

　　　　　下線部 彼は貧しいけれど、罪は犯さない。

　主節と副詞節の並べ方は「副詞節＋主節」と「主節＋副詞節」のどちらでも構いません。

※　※　※

　ここまでの訳例でもわかるように、日本語では接続助詞 (下線部) を節のうしろにおいて副詞語群を作ります。

・君が許可しないので…　　・君が許可するなら…

・私が戻るまで…　　　　　・彼は貧しいけれど…

　主節の主語と副詞節の主語が一致する場合、日本語では、どちらかの主語を省略します。

・彼は貧しいけれど、（彼は）罪は犯さない。

・（彼らが）私に会ったとき、彼らは私を無視した。

　また、副詞節の中の一人称の主語（私、私たち）は、省略することが多いです。

・（私が）学校についたとき、雨はあがっていた。

・（私たちが）一斉に見つめたので、彼は身を隠した。

　エスペラントでは、主節と従属節の主語が一致しても、両方とも明示します。名詞節（→6-2/p.145）の場合でも同じです。

・*Li* rememoris, ke *li* jam aĉetis la libron.

・(彼が)その本をすでに買ったことを彼は思い出した。

※　※　※

156

7. 副詞語群

　日本語では「形容詞節＋形式名詞（とき、あと、まえ…)
＋助詞」の構造をしている副詞節もあります。助詞
「に、で」は省略されることが多いです。

・彼があなたに依頼する〜　　　　　形容詞節
　彼があなたに依頼する<u>とき</u>　　　名詞節
　彼があなたに依頼する<u>とき</u>(に)　副詞節
・地震が起こった〜　　　　　　　　形容詞節
　地震が起こった<u>あと</u>　　　　　名詞節
　地震が起こった<u>あと</u>(で)　　　副詞節
・時間がなくなる〜　　　　　　　　形容詞節
　時間がなくなる<u>まえ</u>　　　　　名詞節
　時間がなくなる<u>まえ</u>に　　　　副詞節

　エスペラントにも接続詞の働きをする語群がありま
す。例をあげます。

【原因・理由】 pro tio, ke… （〜ので）

・Li ĝojas *pro tio, ke* li sukcesis en la ekzameno.
　　　　　　試験に合格したので、彼は喜んでいる。

【条件】 kondiĉe ke… （〜なら／〜の条件のもとで）

・Ni gastigos vin, *kondiĉe ke* vi ne estas fumanto.
　　　　　　あなたが喫煙者でないなら、泊めてあげます。

【時間】 antaǔ ol… （〜まえに）

・Lavu la manojn *antaǔ ol* vi altabliĝos.
　　　　　　　　食卓につく前に手を洗いなさい。

【目的】 por (tio,) ke… （〜ために）

・Ni multe laboru *por tio, ke* ni povu konstrui demokratan socion.

　　　　民主的な社会を築くために一生懸命働こう。

【逆接】malgraŭ tio, ke… (〜のに、〜にもかかわらず)

・Ni ne sukcesis, *malgraŭ tio ke* ni multe laboris.

　　　　一生懸命がんばったのに、成功しなかった。

【譲歩】kio... ajn (なにが〜とも), kiam... ajn (いつ〜ても)

・*Kio ajn* okazos al mi, mi eltenos.

　　　　　　何が起ころうとも、耐えてみせる。

・*Kiam ajn* vi venos, ni bonvenigos vin.

　　　　　　いついらっしゃっても、大歓迎します。

【強調】tiel... kiel / tiel... ke / tiom... ke

・Li kantas *tiel* bele *kiel* profesia kantisto kantas.

　　　　彼はプロの歌手のように上手に歌う。

・Li kantis *tiel* bele, *ke* ĉiuj turnis la atenton al li.

　　彼の歌がとても上手くて、みんなが彼に注目した。

・Ne manĝu *tiom* multe *kiom* elefanto manĝas.

　　ゾウが食べるほどたくさん食べてはいけない。

　　　　　　※　※　※

エスペラントの副詞節の時制は、それぞれの節で語られている実際の時間に応じます。

・Kiam vi *telefonis* al mi, mi *estis* en kuirejo.

　あなたが電話してくれたとき、私は台所にいました。

・Kiam vi *telefonos* al mi, mi jam *ne estos* en Japan-
io.　　　　　　　　あなたが電話してくれるとき、
　　　　　　　　私はもう日本にはいないでしょう。

7. 副詞語群

7-3 文の接続

前の文を受けて、追記したり、その理由を説明したり、反対のことをいう文があります。いくつか例をあげます。

【等位接続詞】 (→2-2-6/p.48)

・Mi klopodis. *Kaj* la plano efektiviĝis.　　　　(順接)
　　　　　私たちは奔走した。そして、計画は実現した。

・Mi atendis lin longe. *Sed* li ne venis.　　　　(逆接)
　　　長いこと彼を待っていた。だが、彼は来なかった。

・Rapidu. *Aŭ* vi maltrafos la lastan buson.　　(選択)
　　　　　急げ。さもないと最終バスに乗り遅れる。

【副詞】

・*Tial* mi ne povas subteni lin.　　　　　　　　(理由)
　　　　　　　というわけで、私は彼を支持できない。

・*Ekzemple,* li neniam plenumis sian promeson.
　　　　　　　　たとえば、彼は一度として約束を
　　　　　　　　果たしたことがない。　(例示)

・*Cetere,* ĉu vi jam legis la artikolon? (話題転換)
　　　　　　　ところで、もうあの記事を読みましたか。

・*Nome,* li estas denaska fripono.　　　　　　　(要約)
　　つまり、彼は生まれながらのサギ師だってことだ。

【語群】

・*Spite al tio,* li ekveturis.
　　　　　　それにもかかわらず、彼は出発した。　(逆接)

・*Kontraste al tio*, ŝi estas kvazaŭ anĝelo.　　　(対比)
　　　　<u>それとは対照的に</u>、彼女はまるで天使だ。

・*Aldone al tio*, neniam ŝi mensogis.　　　　　(追加)
　　　　<u>おまけに</u>、彼女は一度だってウソを
　　　　　　　　ついたことがない。

8. 展望と特徴

8. 特徴と展望

8-1　特徴

　ここまで日本語と比較しながらエスペラントの構造を見てきました。エスペラントと日本語のあいだにある意外な類似性に気がついたのではないでしょうか。

　社会を作って生きる生きものである人間にとって、ことばは欠かせない道具です。住んでいる地域や属している集団ごとに違うとしても、世界中のことばはどれも、人間が外界から情報を得て、解釈し、伝え、意思を疎通する手段です。なに語であれ、言語というものにはみな共通の構造があるのではないかと思います。

8-1-1　母語と外語

　しかし、類似点があるとはいえ、母語である日本語は、私たちにとって特別なことばです。家庭や地域社会で、成長にともなって口づてに身につけた母語は「自分」という意識の重要な一部分といってもいいかも知れません。日本語なら私たちは文法など全く意識することなく使いこなすことができます。[1]

　母語の習得は、卵の殻を破って最初に見た動くものを母親と認識するという鳥類の「刷り込み」にたとえることができるでしょう。また、幼児がたくさんの音に接し、その音の中にある規則を感じとり、音と対象と結び

---

[1] エスペラントを通じて国際結婚した夫婦の子どもの中には、denaska esperantisto (生まれながらのエスペラント話者) という、エスペラントを母語 (の一つ) として話す人たちもいます。この人たちは、文法を意識することなくエスペラントを使っています。

161

つけるという過程は、ことばの発生の歴史を暗示しているかも知れません。

　ただし、ここでいう母語は「日本語」としてひとくくりにできるものではなく、本当は、もっと狭い範囲で使われている「地域語」というべきでしょう。日本の各地には、それぞれの地域に根ざしたことばがあり、私たちが誕生後に接するのは、そういう地域語だからです。[2]

　母語以外のことばを仮に「外語」と呼ぶことにします。母語話者が自分のことばの中に潜む文法を強く意識するのは、おもに外語を学ぶ時です。外語を学ぶことは、新しい視点を獲得し母語を磨く上でも大切なことです。また、交通や通信が大発展を遂げた現代では、外語話者との交流を避けて通ることができません。

8-1-2　自然言語と人工言語

　日本語や英語などを「自然言語」とし、エスペラントを「人工言語」ということがあります[3]。しかし「人間

---

[2] 学校教育や、テレビ、新聞などマスコミの普及で、日本語の標準化は進んでいますが、それでも各地にその地域のことばが残っています。自分がいちばん抵抗なく使えて愛着を感じることばが母語です。
　日本の公教育では「国語」という教科名で日本語を学習します。しかし、ことばの使用範囲は国境とは一致しません。一つの国家の中で複数の「公用語」が指定されている例や、公認されることなく使われていることばもあります。

[3] 「自然言語」という名前には、言語が「人間によってコントロールできない神聖なもの」や「人間が手を加えてはならないもの」というような響きがこもっています。それに対して「人工言語」には、なにかしら親しみが感じられない硬い響きがあります。今でも「ことばを作る」という発想が、なじみのないものだからかも知れません。

8. 展望と特徴

が作った」という意味なら、「人工」という点では日本語もエスペラントも変わりがありません。この二つの名前は誤解をまねくものといえます。日本語が長年にわたる慣習によって作り上げられたものであるのに対して、エスペラントは人間が知性の光を当て、慣習の体系の中にひそむ規則性を見つけ出し、整理してでき上がったことばです。その観点から、「慣習言語」と「計画言語」と区別するのはどうでしょうか。

慣習言語は、まず音の体系ができて、次に文字を獲得しました。文法は慣習の内側に潜んでいて、話者が意識する必要がありません。また例外や不規則変化こそが、それぞれのことばの特徴でもあります。そのことばが使われている地域の自然環境や食習慣、社会環境特有の単語や表現もあります。たとえば「腕を上げる」「顔を潰す」「糠に釘」「のれんに腕押し」などの日本語の慣用表現は、直訳しても外語話者には理解できません。

これに対して計画言語は、音と文字、そして文法が同時にできたことばです。

地域語を母語とし、日本語を広域共通語とする私たちから見ると、ことばは次のように分類できます。

地域語	母語	慣習言語	無意識
日本語	準母語	準慣習言語	ほぼ無意識
英、仏、独語などの民族語	外語	慣習言語	意識
エスペラント	外語	計画言語	意識

8-1-3　先験的計画言語と経験的計画言語

　エスペラントのような計画言語の試案は、実は今まで
にたくさん提案されていますが、それらは次の二つの観
点で分類できます。

・先験的計画言語　　現在使われている言語と関わりのな
　　　　い記号体系。分類学的な単語群。コンピュータの
　　　　プログラム言語のようなことばを含む
・経験的計画言語　　現在使われている言語を整理して不
　　　　規則を取り去り、簡略化したことば

　エスペラントは経験的計画言語です。また、エスペラ
ント以後に発表された計画言語も、人間が日常生活で使
うためのことばとして作られたものは、ほとんどが経験
的です。学習の容易さや会話での使用を考えれば当然の
ことといえます。

8-1-4　学びやすさ

　経験的計画言語、中でもエスペラントは、冠詞の格変
化や動詞の不規則活用など、表現力とは関わりのない部
分が整理されているので、外語の中で最も習得しやすい
ことばです。文法が規則的で、一を知れば十が類推でき
るので、ことばの全体像をつかむだけなら、学習に必要
な時間はわずかです。

　エスペラントの場合でも習熟するにはかなりの時間が
必要ですが、接頭辞や接尾辞による造語体系が整ってい
て少ない語彙が活用できるので、ほかの外語の習得に必

8. 展望と特徴

要な場合の数分の一の時間で、母語を超えることはない
にしろ、それに近いレベルにまで達することができま
す。*4

8-1-5　公平さ

さて、今までラテン語やポルトガル語、スペイン語、
フランス語などが、おもに経済的な力を背景に「事実上
の国際語」として使われてきました*5。母語としてそれ
らのことばを話す人は、商取引でも交渉ごとでも、一方
的に有利な立場にあったでしょう。これは公平性を欠い
た状態といえます。現在ではこの「事実上の国際語」
は、おもにアメリカ合衆国の力を背景とした英語です。

強い国のことばが「事実上の国際語」として使われる
という傾向は、今後も続くだろうと思います。しかしそ
れがこれからもずっと英語であり続けるとは限りませ
ん。世界史の中で新たに登場する次の強国のことばが英
語に代わるということは、十分あり得ることです。

なに語であれことばを学習することは大切ですが、特

---

[4] 母語として使っているからといって、私たちは地域語や日本語の単語の
すべてを知っているわけではありません。また、母語であっても、読解
力や表現力は人によってまちまちです。間違えることもあります。それ
にもかかわらず、私たちは自信を持って母語を使っています。この「自
信」に到達するのは、外語の学習の場合たいへん難しいことです。学習
したことばがこの「自信レベル」に到達したかどうかは「そのことば
でダジャレが言えるか、冗談が言えるか、口げんかができるか」などで
判断できそうです。
[5] 東アジアは「漢字文化圏」といえます。日本でも江戸時代（あるいはも
っとあと）まで、漢籍や漢詩は上流階級の基本的な教養でした。今でも
高校では漢文が教えられています。

定の国のことばを無批判に共通語として受け入れる態度は、精神的な「隷属（れいぞく）」とはいえないでしょうか。少なくとも、自分たちの母語を恥じるようなことがあってはなりません。地域で口づてに身につけたことばに劣等感を持つとしたら、その社会や人々の意識の中に大きな「ゆがみ」があるからです。

かつて植民地主義がはびこっていた時代には、自分たちのことばが被支配民のことばより優れているという根拠のないうぬぼれに基づいてか、あるいは行政上の必要からか、支配国が現地人に自国のことばを押しつけ同化させようとしました。台湾や朝鮮に対して、日本もそのようなことをやっていました。[6]

また「日本語」という標準語ができあがる過程で、各地で使われている地域語がおとしめられることはなかったでしょうか。明治末から第二次大戦後まで、沖縄の学校では、地域語を話した生徒に罰として「方言札」という木札を首から下げさせたそうです。

母語をばかにすることは、そのことばの話し手を差別し踏みつけることです。

明治維新以後の日本の歴史は「自己卑下」と「うぬぼれ」、つまり「自信喪失」と「からいばり」の間を揺れ動いてきたように見えます[7]。政治的な分野では、最近

---

[6] 必ずしも力づくで押しつけるとは限りません。学校教育制度の導入や、インフラ整備に伴う利益誘導（たとえば就職に有利など）で、一見「自主的」に見える形での強制というのもあります。

[7] 植民地への日本語押しつけを「うぬぼれの」例とすれば、「卑下」の例

ではまた「うぬぼれ」側に傾きつつあるようにも思えます。言語教育の点では、小学校で英語を必修とするなど、まだ自信喪失状態が続いているのでしょうか。

「卑下」と「うぬぼれ」のどちらも、決して自慢できる態度ではありません。卑下することもなく、からいばりすることもなく、それでいて自分らしくあるというのは、なかなか難しいことなのかも知れません。

ことばの分野で「卑下」と「うぬぼれ」のどちらをも避けるには、次の二つの方法が考えられます。

(1) 優劣をつけずに、いろいろなことばを学ぶ。
(2) 言語的バイパスとして、計画言語を共通語とする。

8-1-6 文化

エスペラントに対する批判として「文化がない」という意見をよく耳にしますが、そもそも文化とはなんでしょうか。城郭や寺院などの古い建物なら、文化というより「歴史的建造物」です。歌舞伎や能、狂言なら「伝統芸能」、お祭りや節句なら「風習」、着物や浴衣、畳などのことなら「習俗」といったほうが的確です。もしも書物や文芸作品のことなら、エスペラントには、もうあなどれない量の出版物があります。

文化とは、これら個々の具体物を指すのではなく、そ

として次の二つをあげることができます。(1) 明治維新後、初代文部大臣の森有礼は「簡略化した英語」を国語にしようと考えました。（「日本の教育」1873年、序文）(2) 第二次世界大戦後、志賀直哉がフランス語を国語にしようと提案しました。（1946年、雑誌「改造：国語問題」）

れらのものを作ることを可能にする「雰囲気」や、生活を豊かにしょうとする人間の「集合知」のようなものではないでしょうか。だとすれば、その集合知を築くための基礎となるものは「ことば」です。また同時に、ことば自体が人々の集合知であることを考えれば、ことばこそが文化だといえます。

　話し手の数に関わらず、地球上で使われていることばはどれも、その話し手にとって大切な文化です。歴史が浅いとはいえ、エスペラントも文化の一つです。また、特定の地域や民族に縛られず、広く共有される人類の新しい文化といっても良いと思います。

8-1-7　活用の場面

　提案されたばかりの試案の段階を過ぎて、エスペラントはもう「使い道のないことば」ではありません。英語や中国語、日本語などの大きな言語に比べればまだ少ないものの、文字情報、音声情報、映像情報などことばの周辺に集まるものが、ひと通り整っています。また、インターネットの普及で、地域にとらわれることなく、エスペラント話者によるコミュニティができています。経験的計画言語のエスペラントは、すでに「普通のことば」になったといっていいでしょう。

　とはいえ、エスペラントがまだ「少数者の言語」の一つであることは確かです。しかし、話し手の少なさが逆に利点になることもあります。交流の中で生まれる親近感や連帯感は、英語など、広く使われていて話し手の数

8. 展望と特徴

も多い言語を使う場合よりも、はるかに大きいです。

　エスペラントの活用方法については、参考となるウエブサイトのアドレスを巻末に載せておきます。

8-2　展望

　さて、エスペラントは、これからも順調に発展をとげるのでしょうか。それとも、やがて消えてゆくのでしょうか。

8-2-1　地域語への分化

　エスペラントが分化して、ラテン語がたどったように、さまざまな「地域語」となってしまうことはないでしょうか。

　ことばには、標準化と分化の両方の力が絶えず働いています。おたがいが意思を疎通するためには共通でなければいけませんが、特定の集団による特有の表現、業界用語、専門用語が必ず発生します。*8

　エスペラントにも分化の力が働いています。たとえば、若者の集う青年大会などでは、その場限りの表現が生まれることがあります。エスペラント特有の単語であるkabei, krokodiliについてはすでに例をあげました。（→3-6/p.99）

　しかし、特定の地域や民族に結びつきを持たず、成人してから学習して身につけることばであるエスペラント

---

8 たとえば、宿を「ドヤ」、拳銃を「ハジキ」というような隠語があります。また、官僚の文章によく出てくる「可及的速やかに」などの表現は、日常使われるものではありません。

169

には、分化よりも標準化の力のほうが強く働きます。

母語として使われる地域語や民族語が大切にされ、その多様性がしっかり守られるなら、異なる母語を話す人々によって共通語として使われることを目的とするエスペラントが、ばらばらに分化してしまうことはないでしょう。

8-2-2　変遷

ことばは時代とともに変化します。日本語の古典文学は、母語とする日本人でも、学校で習わない限り読めません。紫式部や清少納言にまでさかのぼらなくても、森鷗外の作品すら読むのに苦労します。

実際に使われていることばは必ず変遷します。その変遷は、だれか特定の人物や団体ではなく使い手みんながその方向を決めるものです。

音と文字、文法とともに生まれた計画言語ですが、エスペラントも、「生きていることば」として、いまやその運命が使い手みんなに委ねられています。社会の変化や文明の発展、ほかの言語からの影響、また場合によっては誤用[9]によっても、エスペラントは変遷することで

---

[9] たとえば日本語の場合でも「見れる、食べれる」のような「ら抜きことば」は誤用とされていましたが、今ではもう「可能」をあらわす用法として普通に使われています。この用法で、意味が「尊敬」と区別しやすくなります。また「ぜんぜん…ない(否定)」という伝統用法に対して、今では「ぜんぜん…いい(肯定)」という新しい用法が、ほぼ定着しています。聞き手の意表を突く破格表現として用いられ始めたのかも知れません。いずれにしろ「ぜんぜん」が否定語を伴うのは単なる習慣であって、それ以上のものではありません。

8. 展望と特徴

しょう。

　ただし、エスペラントの場合の変遷は、変化というより「拡張」と言ったほうがふさわしいです。100年前の文章が、現代のエスペラント話者でも苦痛なく読むことができます。*10

　いま、アジアやアフリカの国々で、エスペラントが急速に広まっています。様々なことばを母語とする人が学び、実用することで、エスペラントはますます磨かれてゆくことでしょう。

8-2-3　ほかの計画言語の台頭

　エスペラント以後も、数々の計画言語試案が発表されています。後発のもののほうが先発のものよりできが良いという現象は、特に電化製品などではよくあることですが、それらの新しい計画言語がエスペラントに取って代わることはないでしょうか。

　「記号の体系」としてのことばを作るだけなら、実は簡単です。すでに数々のお手本もあるし、場合によってはエスペラントに少し手を加えるだけでも新しい「国際語」を作ることができます。しかし、そのことばが実際に人々によって使われるようにするのは、必ずしもやさ

　これらは、単なる誤用というより「合理性を秘めた誤用」というべきなのかも知れません。ことばの変遷は「慣習による複雑なもの」から「単純で合理的なもの」へ向かっているように思えます。

10 逆に、もしも100年前のエスペラント話者が生き返って現代の文章を読むとしたら、語彙も増え表現方法も豊かになっているので、少し苦痛を感じるかも知れません。

171

しいことではありません。エスペラントの話者は現在約百万人と言われていますが、ここまでに達するのに一世紀以上の時間がかかりました。机上の言語と人々によって実際に使われている言語の間には、大きな隔たりがあります。ことばは辞書や書物の中にではなく、人と人とのあいだにあるものだからです。

　では、たくさんの国際語試案が消えてゆく中で、なぜエスペラントは生き残り、使われているのでしょうか。次のような理由が考えられます。

　(1)　1887年、40ページの小冊子の形でエスペラントを発表する際に、その冊子の中で、ザメンホフはエスペラントについての著作権を放棄することを宣言し、このことばの発展を使用者みんなの手に委ねました。私たちが使っていることばはどれも、長い時間をかけてみんなで作り上げた「集合知」だといえます。実用の中で変遷しますが、その変遷は、だれか特定の人物やグループによって牛耳られたものではありません。ザメンホフはエスペラントを、この「集合知」に委ねたのです。[11]

---

[11] 1905年にザメンホフが、前書き、16か条文法、練習文集、1800語の基本語根からなる「Fundamento de Esperanto：エスペラントの基礎」出版しました。そして、同年にフランスで行われた第一回世界エスペラント大会で、この本が、改変してはならないエスペラントの基礎だと宣言されました。この宣言は、大会開催地の名前にちなんで「ブローニュ宣言」と言われています。

　改変してはならない基礎を最小限に絞り、ことばの発展を人々の手に委ねたのは、たいへん先見の明のあることでした。また、最小限に限られているので、今ではエスペラントを使う際にこの規則を意識する必要はほとんどありません。

8. 展望と特徴

(2) ユダヤ人として激しい差別を体験したザメンホフ
は、ただ単に言語学的関心から国際語を作ろうとしたの
ではありませんでした。民族間の差別や抗争をなくした
いという強い願いが、彼を共通言語の創造に駆り立てた
のです。共通語さえあればこれらの問題がすべて解決で
きると思うとしたら、浅はかすぎるかも知れません。し
かしこの理想主義が共感を呼び、生まれたばかりのこの
ことばのまわりに、初期の普及活動に携わった人たちを
強く引きつけたのでした。ことばとしての普及が進むに
つれ、この理想は薄れてゆくかも知れません。しかし、
民族の和解、相互理解、戦争の廃絶という理想は、今で
もまだエスペラントの普及活動を支える大きな力だとい
えます。また、どの国にも民族にも属さないことばに興
味を持ち、学び、使おうとすること自体にも、寛容さや
多様性を認める姿勢が含まれていると言って良いのでは
ないでしょうか。

8-2-4 機械翻訳と機械通訳

人工知能（AI）の進歩には目覚しいものがあります。
将棋や囲碁の分野では、AIがもう人間の能力を超えたと
いう話も聞きます。ことばに関しても、機械翻訳と機械
通訳が実用レベルに達する日が来るかも知れません。

エスペラントよりも前に公表された国際語試案に「ヴォラピューク」
ということばがあります。よくできたことばらしく、一時はかなり広ま
りましたが、エスペラントの発表以後、急速に衰えました。その理由
の一つが、創案者のシュライヤーが著作権を一手に握り、改訂を繰り返
したことだと言われています。

自動化が進むにつれ、人間の能力自体は退化してい
くのではないかという恐れもありますが、人間が自分の
耳で聞き口で話すことばがなくならない限り、共通語の
必要性がなくなることもないでしょう。人間であれ機械
であれ、通訳を介してのコミュニケーションは、まだる
こいものです。商用の会話ならともかく、心を通わせる
のは難しいでしょう。通訳を介して恋人と愛を語るなん
ていう話は、聞いたことがありません。

　交通機関が発達した現在でも、電車や車よりも「自転
車」や「徒歩」のほうが便利なこともあります。電気や
燃料に頼らない原始的な技術だって、とても役にたつ場
合があります。だとすれば、人間の技能としてエスペラ
ントもずっと残ることでしょう。

8-2-5　展望

　エスペラントが「普及しなかったことば」とか「失敗
した試み」と言われることがあります。

　合理的で便利だからといって、ものごとがすぐに広ま
るとは限りません。稲作や麦作など、私たちの文明のも
ととなった技術も、その伝搬には長い時間がかかったそ
うです。エスペラントは、だれもが学習して身につける
ことばです。また、やさしいとはいえ「自分のことば」
と思えるレベルに達するには、ある程度の時間がかかり
ます。1887年の発表からまだたった百数十年が過ぎただ
けです。「普及しなかった」と結論を出すのは、まだ早
いでしょう。

8. 展望と特徴

　また、エスペラントを受け入れる体制が社会に整っているかどうかという点も大切です。口先では「対話を重視する」というものの、揉めごとの最終的な解決手段が軍事力だというのが、残念ながら国際社会の現状です。隣国を恐れ、通常兵器どころか、一発で何万人も殺すことのできる核兵器を持つことすら正当なこと、または「必要悪」だと、多くの人が思っています。民族間の殺し合いも目を覆うばかりです。殺し合いとまではいかなくても、他民族を口汚くののしる声は、私たちの身近でも耳にすることがあります。ひょっとすると、エスペラントの出現は、まだ早すぎたのかも知れません。

　エスペラント話者の中には、国連やユネスコに働きかけてエスペラントを作業言語の一つとしたり、公教育に導入するよう各国に働きかけてもらおうと活動している人たちもいます。この試みが近い将来に達成される可能性は、必ずしも大きくはないだろうと思います。

　しかし、エスペラントは二度の世界大戦と、左右からの全体主義による弾圧を生きのびてきました。希薄だとはいえ地球全体に広まったいま、エスペラント話者を根絶やしにすることなんて、もうだれにもできません。[12]

　一気に花開くことがないとしても、地域語、民族語、そして「事実上の国際語」と並んで、人間と人間をつなぐ公平な「バイパス言語」として、また、強制されるこ

---

[12] エスペラントは、ナチズムにも、スターリニズムにも弾圧されました。「危険な言語・迫害の中のエスペラント」ウルリッヒ・リンス著、栗栖継訳。岩波新書1975年参照。

175

となく自由意志で選ぶことばとして、エスペラントはこれからもずっと生き続けるでしょう。

参考図書など

参考図書など

■日本語について
・日本語練習帳　大野晋著（岩波新書）
・日本語の文法を考える　大野晋著（岩波新書）
・日本人のための日本語文法入門　原沢伊都夫著（講談社現代新書）
・日本語が見えると英語も見える　荒木博之著（中公新書）
・日本語（旧版）　金田一春彦著（岩波新書）
・日本語上下（新版）　金田一春彦著（岩波新書）
・教養としての言語学　鈴木孝夫著（岩波新書）
・基礎日本語文法（改訂版）　益岡隆志、岡窪行則共著（くろしお出版）
・外国語としての日本語　佐々木瑞枝著（講談社現代新書）
・私家版日本語文法　井上ひさし（新潮文庫）
・日本語教室　井上ひさし（新潮新書）
・初級を教える人のための日本文法ハンドブック　松岡弘監修（スリーエーネットワーク）
・中上級を教える人のための日本語文法ハンドブック　白川博之監修（スリーエーネットワーク）
・ベーシックイングリッシュ入門　室勝著（洋販出版株式会社）
・日本語の音節（拍）は幾つか　秋永一枝　講座日本語教育第5分冊 pp.11-21, 1969-07-10, 早稲田大学語学教育研究所

177

- ことばと思考　今井むつみ著（岩波新書）
- 小さい言語学者の冒険　広瀬友紀（岩波科学ライブラリー259）

■エスペラントについて

- エスペラント-異端の言語　田中克彦著（岩波新書）
- エスペラント文法の散歩道　小西岳著（日本エスペラント図書刊行会）
- まるごとエスペラント文法　藤巻謙一著（日本エスペラント協会）

■エスペラント関連サイト

- 世界エスペラント協会（Universala Esperanto-Asocio）：http://www.uea.org
- 日本エスペラント協会（Japana Esperanto-Instituto）：http://www.jei.or.jp
- 国際無料宿泊網（Pasporta Servo）：https://pasportaservo.org
- エスペラント版ウィキペディア：https://eo.wikipedia.org/wiki/Vikipedio:Ĉefpaĝo

おわりに

エスペラントは「ヨーロッパのことば」とされること
が多いです。たしかに発祥の地は東ヨーロッパですし、
フランス語やスペイン語、英語、ドイツ語を学んだこと
がある人なら、エスペラントにも似たような単語がたく
さんあることに、すぐに気がつくでしょう。

しかし、文字や語彙よりも深いところ、つまり造語法
や文法の点ではどうでしょうか。ヨーロッパのことばに
限らず、どのことばにも共通の仕組みがエスペラントに
もあるのではないでしょうか。

この小冊子では、エスペラントと日本語を比べること
で、その共通の仕組みを探ろうとしました。私はごく一
般的な日本語の母語話者に過ぎないので、専門の研究者
の目から見れば、説明におかしな点や不十分な点が多々
あることと思います。しかし、詳細な学問的研究ではな
く、日本語話者ならだれでも気がつくことを土台にして
エスペラントを概観することにも、それなりの意義があ
るのではないかと思います。

この小冊子は、どちらかというとエスペラントに懐疑
的な人を思い浮かべながらまとめました。疑うことは知
性の「あかし」です。この冊子が知性的な読者の疑いの
すべてを払ったかどうかはわかりませんが、最後まで読
み通してくださった方が、エスペラントを、地球上にた
くさんあることばの一つだと認めてくだされば、私の目
的は達せられたことになります。

エスペラントは、強制や利益誘導から離れて、人間が自由意志で選ぶことばであってほしいと私は願っています。強くお勧めすることはいたしませんが、でも、もしも読者が興味を持ち、もっと詳しく学んでみようと思っていただけたら、とてもうれしいです。

　練度の低い段階の原稿に、エスペラントについて深い知識を持つ青山徹さんと石野良夫さん、(一財)日本エスペラント協会事務局長の福田政則さん、そして同協会理事のやましたとしひろさんが目を通してくださいました。同協会の雑誌「エスペラント」の編集長でもある理事、柴山純一さんからは、編集者の観点に立ったご指摘もいただきました。また、ひとりひとりお名前をあげることはしませんが、私が主宰するエスペラントの通信講座受講者の皆さんからも有益なアドバイスをたくさんいただきました。この小冊子にもしも少しでも見るべきところがあるとしたら、これらの皆さんのおかげです。心からお礼申しあげます。しかし、数々の有力な助言にもかかわらず、不十分な点が多々あろうかと思います。それは私の責任です。ご鞭撻をどうぞよろしくお願いいたします。

藤巻謙一

2018年9月

単語リスト

単語リスト

この本の中の例文で、訳語が個別に示されていない単語のリストです。同一行で訳語が示されている単語は除いてあります。語根の切れ目をハイフンで示します。訳語はその例文を理解するためのものとしました。

【A】

aĉet-i	買う
aĉet-it-a	買われた
adiaŭ-o	別れ(のことば)
aer-o	空気
afer-o	ことがら
akir-i	手に入れる
akompan-o	同伴
akr-a	鋭い、厳しい
akv-o	水
al	〜へ
al-don-valor-a	付加価値の
alkohol-aĵ-o	アルコール飲料
al-tabl-iĝ-i	テーブルに着く
alt-e	高く
amend-list-o	要望書
angl-a	英語の
anĝel-o	天使
animal-o	動物
antaŭ	〜のまえ
apud	〜のわき
arb-o	木
arb-ar-o	林、森
artikol-o	記事
atend-i	待つ
atent-o	注意

【B】

babil-i	おしゃべりする
batal-i	たたかう
bel-a	美しい
bezon-i	必要とする
blind-ig-e	目を眩ませるほど
blu-a	青い
bon-a	良い
bon-ven-ig-i	歓迎する
bril-a	輝く
broŝur-o	冊子
brul-ig-i	燃やす
brul-iĝ-o	火事
brul-lign-o	柴、たき木
bus-o	バス
buter-o	バター

【C】

cent	百
centr-o	中心

【Ĉ】

ĉambr-o	部屋
ĉe	〜のところ
ĉef-o	ボス
ĉirkaŭ	約、〜の周り
ĉiu-j	みんな

181

【D】

da	〜の量の
dank-i	感謝する
daŭr-i	続く
de	〜の、で、から
decid-i	決める
demokrat-a	民主的な
de-nask-a	生まれながらの
diligent-a	勤勉な
dir-i	言う
dir-manier-o	言い方
diven-i	推測する
dolĉ-a	甘い
dom-o	家
donac-o	贈り物
don-i	与える
dub-i	疑う
dum	〜のあいだ

【E】

ebri-a	酔っている
edz-in-o	妻
efektiv-ig-i	(〜を)実現する
ek-am-i	ほれる、好きになる
ek-ir-i	出発する
eksped-i	発送する
eksplod-i	爆発する
ekster	〜のそと
ek-vetur-i	(乗り物で)出発する
ekzamen-o	試験
el	〜から、〜製の
el-don-i	出す、出版する
elefant-o	ゾウ
elekt-i	選ぶ
element-a	基礎の
elimin-ad-o	消去法

el-ten-i	耐える
en	〜に、〜で、〜の中に
en-konduk-i	導入する
erar-i	間違える
esper-ant-o	希望する者
Esper-ant-o	エスペラント
est-i	〜である
est-ont-ec-o	将来、未来
et-a	小さな
evit-i	避ける

【F】

fabrik-o	工場
fajr-o	火
far-i	する、作る
far-iĝ-i	〜になる
far-it-a	〜でできた
frat-o	兄、弟
ferment-int-a	発酵した
fil-o	むすこ
fin-i	終える
fiŝ-o	魚
flam-o	炎
for-est-i	不在である
for-pas-o	死去
for-viŝ-i	ぬぐい去る
franc-a	フランス(語)の
frat-o	兄弟
fraz-o	文
fremd-a	見知らぬ
fripon-o	サギ師
frukt-o	くだもの
fum-ant-o	喫煙者

【G】

galaksi-o	銀河
gast-ig-i	泊める

182

単語リスト

gast-o	客人
glob-krajon-o	ボールペン
gram-o	グラム
grand-a	大きい

【Ĝ】

ĝi	それ(が/は)
ĝoj-i	喜ぶ

【H】

hak-i	切る
har-ar-o	髪の毛
hav-i	～を持つ
hejm-e	家で
hejm-task-o	宿題
help-o	助け
histori-o	歴史
hom-o	人間
hor-o	時間

【I】

iam	いつか
ident-ig-i	識別する
ignor-i	無視する
ili	彼ら(が/は)
ilustr-it-a	さし絵つきの
impost-o	税金
infan-o	子ども
influ-o	影響
inform-i	知らせる
insekt-o	昆虫
instru-ist-o	教師
insul-o	島
intens-e	激しく
interes-iĝ-i	興味をもつ
ir-i	行く

【J】

jam	すでに
Japan-i-o	日本
japan-lingv-an-o	日本語話者
japan-o	日本人
jar-o	年
jun-a	若い

【Ĵ】

ĵurnal-o	新聞

【K】

kadr-o	枠
kajer-o	ノート
kant-i	歌う
kant-ist-o	歌手
kapt-i	捕まえる
kat-o	ネコ
kial	なぜ
kiam	いつ
kiel	どのように、～として
Kiot-o	京都
klient-o	顧客
klopod-i	努力する
knab-o	少年
kolekt-i	集める
komplet-ig-i	完成させる
kompren-i	理解する
komput-il-o	コンピューター
komunik-il-o	伝達手段
kon-i	知っている
konjekt-it-e	推定されて
konstru-i	築く
konstru-it-a	建てられた
kont-o-numer-o	口座番号
kontraŭ	～に対して

kovr-il-o	表紙	lev-iĝ-i	昇る
krajon-o	鉛筆	li	彼(が/は)
kred-i	信じる	liber-ig-it-a	免除される
kre-i	創る	libr-o	本
kresk-i	育つ	lign-o-kadr-o	木の枠
krim-i	罪を犯す	lingv-o	ことば
kritik-i	批判する	loĝ-i	住む
krud-a	生の	lok-o	場所
kruel-a	残酷な	long-a	長い
kuir-ej-o	台所	lud-i	遊ぶ、弾く
kuir-forn-o	オーブン	lukt-o	格闘
kuk-o	お菓子		
kun	〜と、〜のある	**【M】**	
kun-sid-o	会議	mal-facil-aĵ-o	困難
kur-ant-o	走者	mal-grand-a	小さな
kur-i	走る	mal-jun-ul-in-o	老婦人
kurioz-a	めずらしい	mal-jun-ul-o	老人
kutim-e	ふだん	mal-riĉ-a	貧しい
kvar-milion-obl-e	四百万倍	mal-san-a	病気の
kvazaŭ	まるで…のよう	mal-san-iĝ-i	病気になる
kviet-a	静寂な	mal-sat-o	空腹
		mal-traf-i	乗り遅れる
【L】		mal-varm-o	寒さ
laboratori-o	研究所	mal-vast-a	狭い
labor-ej-o	職場	manĝ-aĵ-o	食べ物
labor-i	働く	manĝ-i	食べる
lac-iĝ-o	疲れること	man-o	手
lakt-a	乳の	mas-o	質量
lamp-o	ランプ	matematik-o	数学
land-o	国	maten-o	朝
last-a	最後の	mensog-i	ウソをつく
lav-i	洗う	met-i	入れる、置く
leg-i	読む	metr-o	メートル
lern-ej-o	学校	mi	私(が/は)
lern-i	学ぶ	milion-o	百万
leter-o	手紙	mir-ind-e	驚くほど

単語リスト

mizer-a	みじめな
modif-o	改正
mond-o	世界
mon-o	お金
mont-o	山
mont-pint-o	山頂
morgaŭ	あす
mort-o	死
mult-e	たくさん
mur-o	壁

【N】

naci-ec-o	民族性
nask-iĝ-i	生まれる
natur-o	自然
neces-a	必要な
neniam	一度も…ない
ni	私たち(が/は)
nigr-a	黒い
nov-a	新しい
numer-o	番号
nun	いま
nutr-aĵ-o	食料

【O】

observ-i	観察する
odor-i	匂いがする
ok	8
okaz-i	起こる
okcident-o	西
Okinav-o	沖縄
okul-o	目
okul-vitr-o-j	メガネ
okup-iĝ-i	従事する
ol	～より
ornam-i	飾る

【P】

pak-aĵ-o	小包
pan-o	パン
paper-o	紙
park-o	公園
parol-ant-o	話し手
parol-i	話す
patr-o	父親
pens-i	思う
pentr-aĵ-o	絵画
per	～で
perd-i	失う
permes-o	許可
plank-o	ゆか
plan-o	計画
plekt-it-a	編まれた
plen-a	いっぱいの
plen-um-i	達成する
pli	もっと
plonĝ-i	飛び込む
pluv-i	雨が降る
Pol-land-o	ポーランド
pom-o	りんご
por	～のため
pord-o	とびら
port-i	運ぶ
posten-o	役職
pov-i	～できる
preleg-i	講演する
pren-i	占める、食べる
pri	～について
pro	～ゆえ、～で
profesi-a	プロの
prognoz-i	予知する
proksim-a	近い

185

promen-i	散歩する	ses	6
promes-o	約束	sever-a	困難な
propon-o	提案	si-a	自分の
prosper-o	繁栄	sid-lok-o	座席
prudent-o	賢明さ	sistem-o	仕組み、システム
publik-ig-i	発表する	skrib-ad-o	筆記
pup-o	人形	skrib-i	書く
		soci-o	社会
【R】		sof-o	ソファー
rapid-a	速い	soj-fab-o	大豆
rapid-i	急ぐ	sovaĝ-a	野生の
region-o	地方	s-ro (= sinjor-o)	～さん
rekomend-i	薦める	star-i	立っている
re-memor-i	思いだす	stat-o	状態
renkont-i	出会う	strang-e	奇妙に
re-port-i	持ち帰る	student-o	学生
re-ven-i	もどる	stud-i	研究する
rev-i	あこがれる、夢見る	sub	～の下
rezult-o	結果	sub-ministr-ej-o	庁
ricev-i	受けとる	sub-ten-i	支持する
riĉ-a	豊かな	sufer-i	苦しむ
rigard-i	見る、見つめる	sufiĉ-i	十分である
ripoz-i	休息する	sukces-i	成功する
riproĉ-i	責める、とがめる	sun-o	太陽
river-o	川	super	～の上の方
riz-kulm-o	わら	sur	～の上
riz-o	米	surpriz-i	驚かす
rond-ir-i	回る		
rost-i	焼く	【Ŝ】	
ruband-o	リボン	ŝanc-o	チャンス
		ŝi	彼女(が/は)
【S】			
sake-o	日本酒	【T】	
scienc-o	科学	tag-manĝ-o	昼食
se	もしも	tag-o	日、一日
seĝ-o	いす	taks-i	評価する
serĉ-i	探す	task-o	課題、仕事

単語リスト

telefon-i	電話する		turn-i	向ける
telefon-numer-o	電話番号		tuŝ-aĉ-i	いじる
temp-o	とき、時代		tut-a	全部の

te-o	お茶		**【U】**	
ter-o	地球		universitat-o	大学
ter-trem-o	地震		unu	1
tia	そんな		uz-i	使う

tiam	そのとき		**【V】**	
tie	そこで		vek-iĝ-i	目ざめる
tiel	そのように		vend-ad-o	販売
tim-o	恐怖		ven-i	来る
tiu	それ、その		verk-ist-o	作家
tiu ĉi	この		vesper-manĝ-o	夕食
Toki-o	東京		vest-o	服
tol-aĵ-o	布製品		vi	あなた(が/は)
tradici-a	伝統的な		viand-o	肉
trajn-o	列車		vid-punkt-o	視点
trans-dir-i	伝える		vin-ber-o-j	ブドウ
tra-rigard-i	概観する		vin-o	ワイン
trem-i	震える		vir-o	男性
tri	3		viv-aĵ-o	生きもの
trink-i	飲む		viv-i	暮らす
trov-i	〜だとわかる		voj-o	道
trov-iĝ-i	〜がある、いる		vort-ar-o	辞書
tru-o	穴		vort-o	単語
turism-o	観光			
turist-o	観光客			
turment-i	苦しめる			

さくいん

【あ行】

あいさつ 53
アクセント 18
イ形容詞 25
意志法 77
一音一字 18
一字一音 18
意味語 34
受け身 134
エスペラント化 55
オノマトペ 33
音節 14
音節文字 16
音素 13

【か行】

外語 162
格 104
学校文法 24
仮定法 78
関係詞 138
冠詞 36
慣習言語 163
感嘆文 115
間投詞 53
完了 75
擬音語 33
機械翻訳 173
擬態語 33
機能語 34
疑問 45
疑問詞 112
疑問文 110

教授用日本語文法 25
強調 117
句 46, 127
計画言語 163
形式名詞 27
継続 43, 65, 71
形容詞 27
形容詞句 128
形容詞節 128
ゲルマン諸語 57
原形副詞 43
現在形 65
合成語 88
語幹 88
語根 24, 88
こそあどことば 50
固有名詞 54

【さ行】

再帰代名詞 35
最上 43
ザメンホフ 3
子音 13
使役形 67
事実形 65
事実上の国際語 165
辞書形 25
時制 64
自然言語 162
自動詞 67
借用 95
集合知 168
修辞疑問文 115

188

さくいん

従属節	127
従属接続詞	49, 155
主格	103
主語	66, 103
主節	127
主題	107
述語	28
受動	76
受動態	134
助詞	104
助数詞	42
序数詞	62
自立語根	34, 62
進行	75
人工言語	162
人工知能	173
数詞	40
数量前置詞	143
刷り込み	21, 161
節	126
接続詞	48
接頭辞	74, 85
接尾辞	69, 79
先行詞	138
前置詞	46
線動詞	73
相	71
相関詞	50
総称	37

【た行】

対格	103
対格語尾	103
代用表記	12
他動詞	67
単語	18

単語群	119
地域語	162
テーマ	107
点動詞	73
等位接続詞	49
同音異義語	17
同格	147
動詞	29
動詞型	107

【な行】

ナ形容詞	25
人称代名詞	34
の	130
能動	76
能動態	134

【は行】

比較	43
否定	45
否定文	109
表意文字	9
表音文字	9
品詞	23, 24
品詞語尾	24
品詞性	58
副詞	31
副詞句	149
副詞節	155
複数語尾	28
不定冠詞	36
不定詞	30, 143
不定代名詞	35
部分否定	109
文	101
文化	167
分詞	75

189

分詞形容詞 76, 131	
分詞接尾辞 75	
分詞副詞 77, 152	
分詞名詞 76	
文節 101	
文法的性別 26	
文脈 17	
変遷 170	
母音 13	
方向 149	
補語 103	
母語 5, 161	
補助動詞 30	

【ま行】

未然 43, 75	
未来形 66	
名詞 26	
名詞語群 143	
名詞節 145	
命令 77	
目的語 103	
文字 9	

【ら行】

ローマ字表記 16	
ロマンス諸語 57	

190

著者紹介：藤巻謙一
■1954年生まれ。1977年にエスペラントの学習を始める。1987年から沼津エスペラント会通信講座（初級/中級）専任講師。1996年から一般財団法人日本エスペラント協会認定講師。huzimakikeniti@gmail.com
■著書：「はじめてのエスペラント」「まるごとエスペラント文法」「エスペラント中級独習」

| エスペラント | 日本語を話すあなたに |
| Esperanto | Enkonduko por japanlingvanoj |

定価	800円（税別）
初版	2018年10月1日発行
著者	藤巻謙一
発行者	一般財団法人日本エスペラント協会
代表者	鈴木恵一朗
所在地	〒162-0042 東京都新宿区早稲田町12番地3
電話	(03)3203-4581
ファックス	(03)3203-4582
メール	esperanto@jei.or.jp
ウエブサイト	http://www.jei.or.jp/
郵便振替口座	00130-1-11325
表紙デザイン	柴山紀子
印刷・製本	株式会社サンワ

Japana Esperanto-Instituto 2018 Presita en Japanio
©Huzimaki K. 2018
ISBN978-4-88887-100-6　C1287

一般財団法人日本エスペラント協会の出版物から

■パンフレット■

「通い合う地球のことば国際語エスペラント」2016年。
32p。エスペラントの魅力を伝えるフルカラー広報
冊子。100円+税。

「20のポイントで学ぶ国際語・エスペラント入門」第4
版。2014年。32p。阪直著。文法を中心にエスペラ
ントの構造を分かりやすく解説。400円+税。

■学習書■

「はじめてのエスペラント」改訂版（CD付き）2018
年。407p。藤巻謙一著。2,000円+税

「まるごとエスペラント文法」2018年。394p。藤巻謙
一著。日本語話者向けの文法書。2,000円＋税。

「エスペラント中級独習」（CD[mp3]付き）2014年。
276p。藤巻謙一著。中級者向けの合理的な練習メ
ニューが満載。2,000円+税。

■辞書■

「エスペラント日本語辞典」第2版。2017年。1327p。
エスペラント日本語辞典編集委員会著。高度な学習
辞典。解説や用例，付録が充実。5,400円+税。

「日本語エスペラント辞典」第3版。1998年。1101p。
宮本正男編。見出し語約5万5600。4,800円+税。

■ダウンロード■

「ドリル式エスペラント入門」2018年。無料：http://
www.jei.or.jp/hp/nvk/index.htm。